अपने सपने कैसे साकार करें?

अपनी क्षमता को प्रकट करना, उत्साह, लक्ष्य निर्धारण और सफलता के लिए स्वस्थ मानसिकता को विकसित करना।

विनोद कुमार गुलाटी

समर्पण

पुत्र अंकुश, पुत्रवधु शैला एवं पुत्री शिल्पा जिन्होंने मुझे लगातार प्रेरित किया कि मैं अपने जीवन के उत्तरार्द्ध में अपने अनुभवों के आधार पर सर्वजन उपयोगी लिखने के अपने सपने को पूरा करूँ!

कृतज्ञता

मैं इस पुस्तक की रचना में योगदान देने वाले सभी लोगों के प्रति आभारी हूँ। उनका समर्थन, प्रोत्साहन और मूल्यवान अनुभव ने इस कार्य को आकार देने में महत्वपूर्ण भूमिका निभाई है।

सबसे पहले और सबसे महत्वपूर्ण, मैं अपने प्रेरणास्त्रोत- श्री सोम बाथला और सूरज अचर जी को उनके मार्गदर्शन, विशेषज्ञता और अमूल्य सलाह के लिए हार्दिक आभार व्यक्त करना चाहुँगा। उनके गहन ज्ञान ने मुझे निर्देशित किया और इस पुस्तक की सामग्री को समृद्ध किया है। उनके प्रोत्साहन ने मेरे विचारों को पुष्ट किया और उन्हें सुसंगत रूप से प्रस्तुत करने में मदद की।

मैं उन अनगिनत शोधकर्ताओं, लेखकों और वक्ताओं के प्रति, जिन्होंने अपना जीवन शिक्षण और प्रेरणा को समर्पित किया है, भी अपनी कृतज्ञता व्यक्त करना चाहुँगा। उनके अद्भुत उद्धारों ने इस पुस्तक के नींव को रखने में मदद की है और वे सदैव प्रेरणा देते हैं और प्रेरणा के निरंतर स्त्रोत का भी कार्य करते हैं।

मैं उन लोगों के प्रति भी ऋणी हूँ, जिन्होंने अपनी व्यक्तिगत कहानियों और अनुभवों को मेरा साथ साझा किया। आपकी सहानुभूति, संघर्षों को पार करने और प्रेरणा खोजने की यात्रा को साझा करने की इच्छा ने इस पुस्तक को गहराई और प्रामाणिकता प्रदान की है। आपके विश्वास के लिए मैं विनम्रतापूर्वक आपके योगदान के लिए कृतज्ञ हूँ।

मैं इस पुस्तक को जीवंत करने और प्रकाशितकरने के लिए जिन लोगों ने अथक मेहनत की है, उन्हें धन्यवाद देना चाहूँगा। उनका व्यावसायिक दृष्टिकोण और समर्पण अत्यंत सराहनीय रहा।

मैं अपने पाठकों को गहन आभार प्रकट करना चाहूँगा। मुझे आशा है कि इस पुस्तक में साझा की गई अवधारणाओं और रणनीतियों से आप स्वयं को और उत्पादकता की आदतों को बेहतर ढंग से समझने में सक्षम होंगे और आप इन्हें अपने लक्ष्यों और सपनों को साकार करने में उपयोगी पाएंगे।

मैं अपने सभी दोस्तों और शुभचिंतकों को अपने हृदय से आभार प्रकट करना चाहूँगा, जिनके प्रोत्साहन, प्रेरणा और मेरी क्षमताओं में उनका विश्वास निरंतर प्रेरणा के स्रोत बनें।

वे सभी व्यक्ति जो मेरे जीवन में कुछ सकारात्मक/नकारात्मक भूमिका निभाते हैं और इस पुस्तक के सृजन में प्रेरणा बने, मैं पुनः पुष्टि करता हूँ कि मैं आपके योगदान की हार्दिक प्रशंसा करता हूँ। कुछ सकारात्मक भूमिकाएं मुझे कुछ करने के लिए एक धरोहर के रूप में कुछ करने के लिए प्रोत्साहित करती हैं, और समय के साथ नकारात्मक भूमिकाएं मेरे सामने रखे गए चुनौतियों को पार करने के लिए साहस प्रदान करतीं हैं क्योंकि आखिरकार, उनका व्यवहार ही इस परियोजना को वास्तविकता में बदलने में महत्वपूर्ण रहा है। मैं आप सभी का धन्यवाद करता हूं कि आप इस अद्भुत यात्रा का अभिन्न अंग बने। आपके संगठित प्रयासों ने इस पुस्तक को संभव बनाया है, और मैं अपने जीवन में आपकी उपस्थिति के लिए सत्यपूर्वक आभारी हूं।

अन्त में, मैं अपने परिवार के प्रति अपनी गहरी कृतज्ञता व्यक्त करता हूँ। उनका अटल प्रेम, समझदारी और धैर्य मेरे लिए इस यात्रा में निरंतर शक्ति का स्रोत रहा है। मुझ पर उनका विश्वास और इस परियोजना के प्रति जुनून ने सचमुच प्रेरित किया है।

हार्दिक कृतज्ञता के साथ,
विनोद कुमार गुलाटी

अंतर्वस्तु

प्रस्तावना

जैसे-जैसे बच्चा बड़ा होता है वह कुछ प्राप्त करने के सपने देखता है। आरम्भिक वर्षों में, वह अपने माता-पिता/वरिष्ठ लोगों से पूछता है और फिर उस पर प्रयास करता है। उसे समझ में आता है कि उसके सपने को पूरा करने से ही उसके जीवन का महत्व सिद्ध होगा। अगर उसे उसके सपने को पूरा करने में सफलता नहीं मिलती है, तो वह निराश हो सकता है, अंसतुष्ट हो सकता है, या आक्रामक भी हो सकता है।

जीवन का मूल्य या महत्व निर्धारित करना एक जटिल और विषयग्राही अवधारणा है जो व्यक्तियों, दार्शनिक दृष्टिकोणों और संस्कृतियों के कारण अलग-अलग है। जीवन के महत्व पर विभिन्न समाजों के लोगों के विचार और धार्मिक प्रणालियों के अलग-अलग दृष्टिकोण हैं।

अपने जीवन की अवधि हमारे नियंत्रण में नहीं है और यह अंततः ईश्वर की इच्छा द्वारा निर्धारित होती है। लेकिन हमारे पास अपने जीवन की गहराई और चौड़ाई को प्रभावित करने की शक्ति है। अपने जीवन को उद्देश्ययुक्त और परिपूर्ण बनाकर, हम आस-पास के लोगों के लिए लाभदायक बनाने से हम बहुत आनंद और संतुष्टि प्राप्त कर सकते हैं। अक्सर सबसे बड़ी खुशी उन कार्यों को प्राप्त करने से मिलती है जिन्हें दूसरे लोग असंभव मानते हैं।

हम में से कुछ लोग मूलभूत मूल्यों को अधिक महत्वपूर्ण समझते हैं जबकि साधारणतः एक आम व्यक्ति अपने जीवन को ही मूल्यवान या पर्याप्त मान

लेता है। इस स्वाभाविक दृष्टिकोण में जीवन का मूल्य ही एक स्वाभाविक और मौलिक गुण होता है जो बाह्य कारकों पर निर्भर नहीं करता।

अनेक लोग अपने जीवन का मूल्य व्यक्तिगत खुशी, पूर्णता और संतुष्टि के अनुभव के आधार पर मूल्यांकन करते हैं। रिश्ते, साधनाएं, व्यक्तिगत विकास, और अपनी रुचियों और मूल्यों का पालन करने जैसे कारक मूल्यों के निर्धारण करने के लिए सहायक हो सकते हैं।

कुछ व्यक्ति समाज में सकारात्मक योगदानों के माध्यम से अपने जीवन को सफल मानते हैं, चाहे उनके कार्य, धार्मिक कार्यों या अन्य सेवाओं के रूप में हों। अपने कर्मों से दूसरों के जीवन को सुधारने में योगदान करने की यह धारणा, एक प्रासंगिक और मूल्यवान उपलब्धि को अनुभव करने का कारण बन सकती है।

सांस्कृतिक, धार्मिक और दार्शनिक परंपराएं अक्सर जीवन के मूल्य को निर्धारित करने के लिए आधार प्रदान करती हैं। इनमें जीवन की पवित्रता पर सिखाए गए उपदेश, आध्यात्मिक प्रबुद्धता की प्राप्ति, नैतिक सिद्धांतों का पालन, या एक महान उद्देश्य या महत्वपूर्ण योजना की धारणा शामिल हो सकती है।

योग्यता और जीवन के मूल्य के प्रति हर व्यक्ति की अनुभूति उसके लिए व्यक्तिगत होती है। यह व्यक्तिगत अनुभव, मूल्य, धार्मिक विश्वास और व्यक्तिगत परिस्थितियों से प्रभावित हो सकता है। जीवन के मूल्य को निर्धारित करने के लिए विभिन्न लोगों के भिन्न-भिन्न मानक हो सकते हैं, और ये समय के साथ विकसित और परिवर्तित हो सकते हैं।

ये कारक पूर्ण नहीं हैं, और विभिन्न व्यक्ति और संस्कृतियों के लिए जीवन के मूल्य का निर्धारण करते समय अतिरिक्त विचार रख सकते हैं। इसके अलावा, जीवन-मूल्यों का विचार एक गहरे व्यक्तिगत और आध्यात्मिक अवधारणा है, और जो एक व्यक्ति के जीवन को अर्थ और मूल्य देता है,

लेकिन दूसरो पर लागू नहीं होते हैं । मगर कुछ व्यक्ति अपनी अधिकांश अभिलाषाएँ पूर्ण होने पर जीवन को सफल मन लेते हैं।

एक पराधीन व्यक्ति के पास केवल एक स्वामी हो सकता है, लेकिन एक महत्वाकांक्षी व्यक्ति कई स्वामियों को रख सकता है, जो उन्हें अपनी सहायता के आशय में लेता हैं कि वे उम्मीदों को पूरा करने में मदद कर सकते हैं।

महत्वाकांक्षा किसी को महान बना सकती है या धूर्तता/मिथ्याचार के मार्ग पर ले जा सकती है। अपने सपने पूरे करने के लिए, महत्वाकांक्षाओं को विवेकपूर्ण पोषित करना और आत्म-सुधार की कोशिश करना जीवन की सफलता के लिए महत्वपूर्ण है।

इस स्व-प्रेरणा के बिना, आप स्वयं मानसिक रूप से शिथिल हो जाएंगे, भले ही आप न्यूनतम प्रयासों के साथ सफलता हासिल करलें, लेकिन सफलता का आनंद उठाने के लिए प्रयत्नशील होना आवश्यक है। इसलिए जीवन की सफलता की पूर्णता तक पहुंचने के लिए व्यक्तिगत सुधार के लिए व्यक्तिगत प्रवृत्ति बनाना अत्यावश्यक है।

व्यक्ति के सपने ही जीवन का एक रोडमैप बनाते हैं, और यदि उन्हें पूरा कर लिया जाता है, तो जीवन आर्थिक एवं सामाजिक रुप से सफल माना जाता है। यह कैसे किया जा सकता है, इसके लिए कई तथ्यों को ध्यान में रखना और प्राथमिकता देना आवश्यक होता है, जो मौजूदा परिस्थितियों के संदर्भ में आते हैं।

इसलिए, यह पुस्तक उन के लिए है जो कुछ प्राप्त करना चाहते हैं। महानतम ऊचाईयों के लिए अपने सपनों को आकार दें। आपकी अपनी दृष्टि आपकी सफलता का आधार है, और आपके आदर्श उनके प्रकट होने का पूर्वानुमान हैं। यदि आप प्रयास नहीं करते हैं तो जो आपने प्राप्त किया है उस पर आप खेद कर सकते हैं, लेकिन यदि आपने कोई अवसर खो दिया तो आपको अपने तात्कालिक विवेक पर निराशा हो सकती है।

इसलिए, अपने सपनों को साकार करने के लिए प्रयास करने चाहिएं! वर्तमान क्षण का आदर करें और जीवन के हर पल को उत्पादक बनायें। अपने वर्तमान अनुभवों को महत्व दें, क्योंकि उनको विस्मृत करना अर्थात् उनको अर्जित करने में लगाये गये अपने समय को हमेशा के लिए व्यर्थ कर देने के समान होगा।

जितना अधिक आप अपने जीवन का सम्मान करते हैं, सफलता प्राप्त करने पर आनंदित होने के लिए उतने ही अधिक कारण होते हैं। यह देखा गया है कि अधिकांश लोगों में अपने सुनिश्चित लक्ष्य तय करने में उत्साह कम होता है। उनका ध्यान आमतौर पर अगली मंजिल तक पहुंचने या अधिक पैसे कमाने पर होता है। जबकि, वास्तविक उत्साह विभिन्न रूपों में आ सकता है, चाहे वह धीरे-धीरे चढ़ाई हो या सफलता की ऊंचाई को छूने वाले उतार-चढ़ाव हो। जो लोग सफल होते हैं, वे आमतौर पर अपनी ही क्षमताओं को विकसित करने का प्रयास करते हैं।

• • • • • • • • • • •

1

आपके अपने सपने

Image by studio4rt on Freepik

आपकी उपलब्धियों की ऊंचाईयों की सीमा सिर्फ आपके
सपनों की पहुंच और उन्हें प्राप्त करने के लिए आपकी
इच्छाशक्ति है। – मिशेल ओबामा

आ पके अपने सपनों का महत्व - लक्ष्य और उन्हें प्राप्त करने के मार्ग।

आपके अपने सपने आपके जीवन को आकार देने की शक्ति रखते हैं। जब आप समाज में प्रभावशाली व्यक्ति होने का सपना देखते हैं, तो उस समय आप में आपकी अभिलाषाएं, लक्ष्य और उद्देश्य उपस्थित होते हैं। आपका अपना सपना, विशेष रूप से दिवास्वप्न, विशिष्ट उद्देश्यों को प्राप्त करने या एक निश्चित सफलता के स्तर को प्राप्त करने की मूलतः आपकी एक मजबूत और दृढ़ इच्छा ही है। ऐसा सपना आपकी जीवन की महत्वपूर्ण इच्छा बन सकता है। यह व्यावहारिकता पर आधारित होता है, और स्पष्ट दृष्टिकोण और उद्देश्य से प्रेरित होता है।

मुख्य शहर के पास गाँव चम्बे में ज्योति नामक एक युवती रहती थी। वह सपनों से हमेशा प्रभावित होती थी और यह मानती थी कि सपने मनुष्य की गहरी इच्छाएं और लक्ष्यों को पूरा करने की चाबी हैं। ज्योति अक्सर अपने सपनों में खोये रहती थी और उनमें सफलता और पूर्णता से भरी भविष्य को देखती रहती थी। उसके दिल में अडिग इच्छा थी कि वह महान बनें और अपनी ख्वाहिशों को पूरा करने के लिए सपनों की शक्ति को उपयोग करना होगा।

एक भाग्यशाली रात को, ज्योति ने नींद में एक ऐसा सपना देखा, जो उस पर गहरा प्रभाव छोड़ गया। उस सपने में, वह एक प्रकाशमय रास्ते को देखती है, जो एक पहाड़ी पर स्थित शानदार किले तक जाता है। किले के अन्दर एक दरबार सजा है जिसमें उसके लिए एकआकर्षक कुर्सी रखी है। ज्योति बहुत खुश होती है कि अंततः उसे राजसी वैभव मिल रहा है। तभी एक आवाज उसे छुपकर कहती है, "कुछ उपलब्ध करने के लिए आपको अपने लक्ष्य निर्धारित करने होंगे, और जिनके लिए कुछ रणनीतियाँ हैं, जो आपके महान बनाने के लिए उपयुक्त रहेंगी। कोशिश करो। वे सब आपके सामने हैं।" ज्योति नींद से उठ जाती है और देखती है कि यह तो एक सपना था लेकिन उसे महान बनना है इसलिए उसे कोशिश करनी चाहिए।

यह सपना ज्योति को एक परिवर्तनात्मक यात्रा पर ले जाता है। उसे समझ जाती है कि सपने देखना ही अकेले काफी नहीं है उनके लिए एक योजना बनाने की आवश्यकता है। इस नई दृष्टिकोण से प्रेरित होकर, वह सफलता के मार्ग पर आगे बढ़ने के लिए सिद्धांत और विधियों को सीखने के लिए निकल पड़ती है।

एक धनाढ्य उद्यमी बनने के अपने सपने को पूरा करने के लिए आवश्यक ज्ञान की खोज ज्योति को एक वृद्ध मास्टर आनन्द बाबू तक पहुंचाती है। उस बुद्धिमान वृद्ध मनुष्य ने अपने जीवन में कई उत्साही युवाओं को देखा था, लेकिन ज्योति में कुछ खास महसूस किया। उसने उसके सपने का विश्लेषण करते हुए उसे बताया कि वह महान बनने का अपना सपना पूरा कर सकती है यदि वह अपने आदर्शों पर दृढता और धैर्य बनाये रखे। ज्योति ने उस वृद्ध व्यक्ति को अपना गुरु मान लिया और फिर उसके साथ लगातार सम्पर्क में रही। उस गुरु ने बताया कि सफलता का रास्ता चुनौतियों से भरा हुआ है, लेकिन उसका परिश्रम ही एक संकेतक होगा जो उसका रास्ता प्रकाशित करेगा। वह एक धनाढ्य उद्यमी बनना चाहती थी जो उसे राजसी वैभव दिला सकता था और वह समझ चुकी थी कि इसके लिए उसे कठोर परिश्रम करना होगा।

मास्टर आनन्द बाबू के समर्थन और मार्गदर्शन के सहारे, ज्योति ने सिद्धांतों को समझने और विधियों को सीखने की अपनी यात्रा शुरू की। उसने पूरी तरह से उत्साहपूर्ण लक्ष्यों को निर्धारित किया और हर प्रयास में उत्कृष्टता के लिए प्रयास किया। प्रत्येक दिन, उसने अपने सपनों पर विचार किया, योजनाओं को संशोधित करते हुए अपने भविष्य के नजदीक पहुंचने के लिए उन्हें बदलती रही।

हालांकि, ज्योति की यात्रा बिना रुकावट के नहीं थी। सफलता के रास्ते में, उसे कई बार पीछे हटना पड़ा और संदेह के पल मिले जब उसने उद्यमी बनने के लिए लेडीज पर्स बनाने का काम चुनने का प्रयास किया। कई बार उसको लगा कि जो उत्पाद उसने बनाने के लिए चुना है वह पहले से ही बाजार में है।

फिर भी, वह नकारात्मकता को ग्रहण न करने का फैसला किया और आशा और सहनशीलता को अपने सहायकों के रूप में स्वीकार किया। निराशा के क्षणों में उसने स्वयं को याद दिलाया, "चाहे अंधेरी रात हो, सूरज फिर से उगता है।" वह कई बार कानपुर, कोलकाता और चैन्नई गयी ताकि उसे कच्चा माल, बनाने की विधि, नई मशीनें एवं बाजार की चुनौतियों को निकट से देखने का अवसर मिले।

ज्योति आगे बढ़ते हुए भी संगठन एवं समर्थन की शक्ति को महसूस करती है। उसने स्वयं को ऐसे समकालीन लोगों के साथ रखना आरम्भ किया, जो उसे आगे बढ़ने के लिए प्रोत्साहित करते थे। उसके विकास के लिए एक अनुकूल वातावरण पैदा करते हुए उसके मित्र एवं पारिवारिकजन उसके लिए सामर्थ्य-स्तंभ बन गए। उन्होंने उसके उत्पाद को बेचने का जिम्मेदारी ली।

छोटी-छोटी परीक्षाओं और सफलताओं एवं असफलताओं से गुजरते हुए, ज्योति ने अपने सपनों को वास्तविकता में बदलने का काम जारी रखा। उसकी अडिग उत्साह और समर्पण ने उसे सिर्फ चम्बे में ही नहीं, बल्कि उससे भी निकट के कस्बों से होती हुई शहर के बाजारों में भी पहचान दिलाई। लोग उसकी उपलब्धियों पर आश्चर्यचकित हुए और उसकी शक्ति का स्त्रोत के बारे में सोचने लगे। ज्योति कभी भी उस सपने की शक्ति को नहीं भूली थी, जिससे उसकी यात्रा शुरू हुई थी। वह जमीन पर बनी रही और विनम्र रही, हमेशा अपने सभी लक्ष्य को शुरुआती सपने का स्मरण करती रही। और जब भी उसे एक दोराही स्थिति का सामना करना पड़ता, उसने अपने सपनों को मार्गदर्शन के लिए देखा।

समय के साथ, ज्योति को सपनों की शक्ति का पता चलता रहा। उसने स्वयं को सपने के साथ ज़मीनी और विनम्र बनाए रखा, हमेशा स्वयं को उस सपने की याद दिलाते रहते हुए, जो इस सबकी शुरुआत थी। अब ज्योति को "ड्रीमवीवर" के नाम से जाना जाने लगा है, जो उत्साह, आशा और सहनशीलता का प्रतीक बन गया है। उसकी कहानी लाखों लोगों को उत्साह देती है, जो अपने लक्ष्यों को ग्रहण करने और अपने सपनों का पीछा करने के

लिए प्रेरित होते हैं। वह साबित करती है कि सपने किसी के भी भावनात्मक हृदय में अगाध क्षमता रखते हैं, और साधारण जीवन को अद्भुत विजय के असाधारण किस्सों में बदल सकते हैं। और इसी तरह, "ड्रीमवीवर के ओडिसी" की कहानी सबको याद दिलाती है कि हर सपने में अविस्मरणीय संभावनाएं छिपी हैं।

अब हम ज्योति की कार्यशैली के विभिन्न तत्वों का विश्लेषण करते हैं -

• आपके सपने साधारण नहीं हैं।

ज्योति ने सोच लिया था कि उसके सपने साधारण नहीं हैं। भविष्य से सम्बन्धित आपके सपने साधारण सपने नहीं होते, बल्कि वे अच्छी तरह से संरचित और ध्यान केंद्रित प्रयास की कल्पना उत्पन्न करते हैं जिनमें लक्ष्य और एक अनुसरणीय मार्ग होता है। इन्हें संवेदनशील योजनाबद्धता, अटूट समर्पण और निरंतर प्रयास की आवश्यकता होती है ताकि वे प्रत्यक्ष हो सकें। वे सभी क्रियायें अक्सर लम्बे समयानुक्रम में जुड़ी होतीं हैं, जिसमें विभिन्न पड़ावों को स्थापित करना और उनसे अभिप्रेरित धारणा के प्रति विधिवत काम करना शामिल होता है।

• सपनों को साकार करने में प्रयास और उद्देश्य का महत्व

लक्ष्य उपलब्धि के लिए ऊर्जा की तरह कार्य करना होता है। हालांकि, केवल कुछ प्राप्त करने की कामना करने से ही आप अपने सपनों को साकार नहीं कर सकते हैं; प्रयत्न करना वह आवश्यक तत्व है जो आपकी समस्त अभिलाषाओं को वास्तविकता में बदल सकता है। पुरस्कार सरलता से नहीं मिलते; उन्हें बेहद परिश्रम से कमाना पड़ता है। जो व्यक्ति कार्यों को सम्पन्न करने का ज्ञान रखते हैं, उन्हें हमेशा सफलता मिलती रहेगी, लेकिन यह समझना भी उचित रहेगा कि जो लोग यह समझ लेते हैं कि उन्हें काम "क्यों" करना है, वे नेतृत्व करने में कामयाब होते हैं।

- ## **सफलता के पाठः सिद्धांतों और तकनीकों का संयोजन**

सफलता प्राप्त करने के लिए अनगिनत रास्ते हो सकते हैं, परन्तु उन सभी रास्तों के लिए कुछ सिद्धांत समान होते हैं। जो इन सिद्धांतों को समझते हैं, वे प्रभावी रूप से सबसे उपयुक्त तकनीकों का चयन कर लेते हैं।

- ## **कार्यशीलता, प्रेरणा, और सहायताः सफलता की यात्रा में महत्वपूर्ण घटक**

लक्ष्यों को प्राप्त करने के लिए,वे लोग जिन्होंने कार्यशीलता को प्राथमिकता दी है हार स्वीकार नहीं करते हैं,और उनके लिए असफलता का कोई महत्व नहीं होता है। संकट के पश्चात भी उठने वाले और हर विफलता के बाद दृढ़ और सतत् प्रयास करने वाले व्यक्ति को किसी भी निराशा के सामने अटक नहीं सकता।

साथ ही, सहायता का मजबूत नेटवर्क बनाना आवश्यक होता है, जिससे हम इसकी जरूरत के बारे में अवगत भी न होते हुए भी हमें आवश्यक प्रेरणा प्रदान कर सकता है।

इसलिए, वे व्यक्ति जो हमें उत्साहित करते हैं और प्रेरणा प्रदान करते हैं, से संवाद बनाये रखना हमारे लिए आत्मसुधार की यात्रा में महत्वपूर्ण होते हैं।

- ## **सपनों को वास्तविकता में परिवर्तित करने के लिए योग्यताएँ और मार्गदर्शन**

अपने सपनों को वास्तविकता में परिवर्तित करने के लिए, अपने भविष्य की कल्पना करना और रोज़ाना अपने कार्यों का पुनरावलोकन एवं मूल्यांकन करना हमारे लिए अत्यधिक आवश्यक है। यदि कोई भी एक लक्ष्य हमारे विचारों को प्रभावित करता है और हमें चिंतन में ले जाता है, तो मान लीजिए कि सफलता आपसे दूर नहीं है। मानंवीय आत्मा अद्भुत रूप से लचीली है, और आशा सबसे शक्तिशाली चिकित्सा के रूप में काम करती है। इतिहास

की सभी धरोहरें, महत्वपूर्ण खोजें और उपलब्धियाँ उन्नति की ओर अनवरत समर्पित व्यक्तियों के अटल प्रयासों का परिणाम हैं। इसलिए सफलता प्राप्त करने के लिए एक लगातार परियोजना और सपनों को पूरा करने में एकल लक्ष्य पर केंद्रित सतत् प्रयास निर्विवाद रूप से आवश्यक है।

• सपनों के साकार करने की दिशा में सानिध्य का महत्व

हम प्रोत्साहित करने वाले मित्रों के सानिध्य में सफलता के सिद्धांतों को समझते हुए अपनी प्रगति के लिए एक अनुकूल वातावरण बना सकते हैं। अनगिनत संभावनाओं की पहचान के साथ अपने भविष्य को कल्पना करते हुए, आशा को पोषित कर उत्कृष्टता की दिशा में निरंतर प्रयास करके सफलता के मार्ग के निर्माण करने के लिए आपको अपने सपनों/अपनी अभिलाषाओं को हृदयस्थ करना होगा। हमारे सपने हमारे जीवन में महत्वपूर्ण होते हैं। वे हमारी अभिलाषाओं को प्रेरित करते हैं और हमें अपने लक्ष्यों की प्राप्ति की ओर प्रोत्साहित करते हैं और उत्साह, समर्पित मेहनत को जोड़ते हुए सफलता के लिए मार्ग बनाते हैं।

मुख्य विचारणीय बिन्दु

1. **सपनों की शक्ति:** आपके सपने आपकी इच्छाओं, लक्ष्यों और उद्देश्यों के लिए आपके जीवन को आकार देने में विशेष भूमिका निभाते हैं।

2. **प्रबल इच्छा के रूप में सपने:** सपने विशिष्ट उद्देश्यों को प्राप्त करने या एक निश्चित सफलता के स्तर तक पहुंचने की दृढ़ इच्छा के प्रतीक होते हैं। ये स्पष्ट दृष्टि से उन से प्रेरित होते हैं।

3. **संरचित प्रयास:** सपने केवल प्रिय इच्छाएं या कल्पनाएं नहीं होतीं हैं ;वे विश्लेषित लक्ष्य, यथार्थ योजना, अटल समर्पण और लगातार प्रयास शामिल करते हैं।

4. **सपने सफलता प्राप्त करने के लिए प्रेरक:** सपने सफलता प्राप्त करने के लिए प्रेरक के रुप में कार्य करते हैं। लेकिन मात्र देखने से सपने साकार नहीं होते हैं। इसके लिए कठिन मेहनत करनी होगी ताकि सपनों को वास्तविकता में बदला जा सके।

5. **सपनों को साकार करने में सफलता के लिए सिद्धांतों और तकनीकों का समझना:** सपनों के साकार करने में सफलता के लिए आवश्यक सिद्धांतों को समझ कर व्यक्ति सबसे उपयुक्त तकनीकों का चयन कर सकता है।

6. **सहनशीलता और दृढ़ता:** जो व्यक्ति असफलता के बाद भी दृढ़ता से उठते हैं और हार मानने से इनकार करते हैं, वे सफलता की प्रतिस्पर्धा में अटल हो जाते हैं।

7. **संरचित प्रयास:** सपनें केवल प्रिय इच्छाएं या कल्पनाएं नहीं होतीं हैं; वे विश्लेषित लक्ष्य, यथार्थ योजना, अटल समर्पण और लगातार प्रयास शामिल करतें हैं।

8. **सपने सफलता प्राप्त करने के लिए प्रेरक:** सपने सफलता प्राप्त करने के लिए प्रेरक के रुप में कार्य करते हैं। लेकिन मात्र देखने से सपने साकार नहीं होते हैं। इसके लिए कठिन मेहनत करनी होगी ताकि सपनों को वास्तविकता में बदला जा सके।

9. **सपनों को साकार करने में सफलता के लिए सिद्धांतों और तकनीकों का समझना:** सपनों के साकार करने में सफलता के लिए आवश्यक सिद्धांतों को समझ कर व्यक्ति सबसे उपयुक्त तकनीकों का चयन कर सकता है।

10. **धैर्य और दृढ़ता:** जो व्यक्ति असफलता के बाद भी दृढ़ता से उठते हैं और हार मानने से इनकार करते हैं, वे सफलता की प्रतिस्पर्धा में अटल हो जाते हैं।

11. **समर्थन की शक्तिः** स्वयं-सुधार और सफलता की यात्रा में सहायक व्यक्तियों के साथ संबंध स्थापित करना एवं सहज कर रखना महत्वपूर्ण है।

12. **भविष्य की कल्पना करना और नियमित चिंतनः** सपनों को हकीकत में बदलने के लिए, वांछित परिणाम की कल्पना करना और नियमित रूप से चिंतन करना महत्वपूर्ण है।

13. **आशा और धैर्यः** आशा शक्तिशाली प्रेरक के रूप में काम करती है और महानता की प्राप्ति में धैर्य रखने में योगदान देती है।

14. **सफलता के लिए जारी रहने वाली यात्राः** सफलता के मार्ग पर चलना एक निरंतर प्रक्रिया है, ऐसा लक्ष्य पर केंद्रित सतत् प्रयास उनको साकार करने के लिए आवश्यक है।

15. **विकास के लिए एक अनुकूल वातावरण बनानाः** सफलता के सिद्धांतों को समझने और समर्थनशील नेटवर्क में स्वयं को सम्मिलित करने से व्यक्ति एक वातावरण बना सकता है जो विकास और सफलता को प्रोत्साहित करता है।

16. **सपने साकार करने के लिए उत्कृष्टता की ओर प्रयास करनाः** सपने साकार करने के लिए निरंतर उत्कृष्टता का प्रयास करना सफलता की असीम संभावनाओं को समझने की कुंजी है।

निष्कर्षः सपनों में शक्ति होती है जो हमारे जीवन को आकार देने की क्षमता रखती है, हमें समाज में प्रभावशाली व्यक्तियों में बदलने की दिशा में प्रेरित करती है। सपने निश्चल इच्छाओं को विशिष्ट सफलता के लिए आवश्यक उद्देश्य के रूप में संक्षिप्त करते हैं, जो व्यावसायिकता और स्पष्ट उद्देश्य में निहित अभिलाषाओं में विकसित होकर महत्वपूर्ण बनते हैं। हालांकि तरीके भिन्न हो सकते हैं, मूल सिद्धांतों को समझना प्रभावी सफलता की कुंजी है। संकल्प, प्रतिरोधशीलता और सहायक नेटवर्क के साथ, सपने सतत् ध्यान

और अटल उत्कृष्टता के माध्यम से वास्तविकता में परिवर्तित हो सकते हैं। मूल रूप से, सपने उद्देश्यों की ऊर्जा प्रदान करते हैं, और मेहनती काम के माध्यम से सफलता की पथ पर आगे बढ़ने की सीढ़ी बनाते हैं।

चूंकि सपनों को साकार करने के लिए ऊर्जा, उत्साह, एकाग्रता, वित्त जैसे कई कारकों की आवश्यकता होती है, इन कारकों के लक्ष्य निर्धारण एवं उनके लिए उपयुक्त रणनीतियों का बनाने पर भी ध्यान देना बहुत आवश्यक है। अगले अध्याय में हम सफलता के लिए लक्ष्य-निर्धारण और रणनीतियाँ पर ही विचार करेंगे।

वह एक कार्य करें, जो आप सोचते हैं कि आप नहीं कर
सकते।
यदि आप उसमें असफल हो जाएँ, फिर से प्रयास करें।
दूसरी बार, बेहतर करेंगे।
वे लोग सफल नहीं हो सकते जो कभी उच्चतम चोटी तक नहीं
चढ़ते।
यह आपका समय है। इसे अपनाएँ।
- ओप्रा विनफ्री

• • • • • • • • • •

2

सफलता के लिए लक्ष्य-निर्धारण और रणनीतियाँ।

लक्ष्य निर्धारित करना अदृश्य को प्रकाश में लाने की प्रक्रिया में पहला कदम रखने समान है - टोनीरॉबिंस

सोनपुरा गांव के बगीचेदार मोड़ पर नितिन नाम से एक महत्वाकांक्षी युवक रहता था। उसमें ज्ञान के प्रति एक अतृप्त भूख थी।नितिन अक्सर महान

खोजों और महत्वपूर्ण सफल उद्यमियों के बारे में सपने देखता रहता था। गांव के बड़े बुजुर्ग उनकी क्षमता को पहचानते थे और उन्होंने उसे लक्ष्य तय करने और अपने सपनों को साकार करने के लिए प्रोत्साहित किया।

एक दुपहर, गांव से लगे जंगल में घूमते-फिरते हुए, नितिन को एक पुरानी, फटी हुई किताब मिली। उस किताब का शीर्षक था "एक स्वप्नदृष्टा की खोज" और इसमें लक्ष्य तय करने, वित्तीय अनुशासन, और कल्पना की शक्ति के बारे में ज्ञान था। नितिन ने उस किताब को आधा-अधूरा नहीं छोड़ा, रुचिपूर्ण उसका गहन अध्ययन किया और तय किया कि वह अपने आकांक्षाओं को पूरा करने के लिए अपना स्वयं का व्यापार शुरू करेगा।

नई प्रेरणा प्राप्त करके, नितिन ने विद्युत उपस्कर बनाने की निर्माण इकाई लगाने का लक्ष्य निर्धारित किया। उसने यह दृढ़ता से योजना बनाई कि वह दुनिया को चकित करने वाले शानदार विद्युत उपस्कर बनाएगा। इसको प्राप्त करने के लिए, उसे वित्तीय अनुशासन की आवश्यकता थी। उसने अपने माता-पिता की छोटी सी खेती में मदद करके और गांव में अन्य कामों को करके कमाई हुई हर पैसे को बचाना शुरू कर दिया।

नितिन ने उद्यमियता से भरी अपनी यात्रा शुरू की और उसने अपनी संघर्षों का सामना किया,जो उसकी संकल्पना की परीक्षा कर रहे थे। गांव के कुछ लोग उसकी क्षमताओं पर भी संदेह करते थे और उसके इतने युवा उम्र में इतने उच्च लक्ष्य तय करने पर सवाल उठाते थे। लेकिन नितिन को इससे कोई प्रभाव नहीं पड़ा। उसने सिद्ध किया कि लक्ष्यों को प्राप्त करने का महत्व समझते हुए, उसने अपने अंतिम लक्ष्य को छोटे, संभावनाओं को प्रबंधनीय चरणों में विभाजित किया। प्रत्येक सफल उपलब्धि ने उसकी दृढ़ता को और बढ़ा दिया कि उसे ऊँचाइयों को प्राप्त करने की ताक़त मिली।

अपने प्रयासों के दौरान, नितिन ने महत्वपूर्ण सीख ली, वह थी ईमानदारी की। उसे ऐसे मौके भी मिले जो उसकी सामर्थ्य को बढ़ा सकते थे और त्वरित धन ला सकते थे, लेकिन उसने अपने मूल्यों में कमी नहीं लाने का संकल्प बनाया। हालांकि, उसने अपनी विद्युत उपस्कर बनाने की कला को खूबसूरत ही नहीं

बनाने, बल्कि गुणवत्ता और कीमतों पर भी नियंत्रण किया। ऐसे तत्वों के प्रति उसकी पक्की प्रतिबद्धता ने उसे अपने ग्राहकों का सम्मान और विश्वास कमाया, जिससे उसे सफलता के मार्ग पर अग्रसर किया।

नितिन की यात्रा न केवल व्यावसायिक बुद्धि के बारे में थी, बल्कि यह भी कल्पना और ज्ञान की शक्ति के बारे में भी थी। उसने अपने कार्य को बेहतर बनाने के लिए विभिन्न पुस्तकों एवं तकनीकी जानकारियों का अध्ययन करने में बेशुमार घंटे बिताए, अलग-अलग तकनीकों के साथ प्रयोग करके और प्रकृति और उसके आस-पास के क्षेत्र से प्रेरणा प्राप्त करके अपने उत्साह का निर्माण किया। उसकी असीम कल्पना ने उसे विशेष रचनाएँ बनाने में मदद की।

जब उसका व्यापार बढ़ता गया, तो नितिन को कार्यशील पूंजी की कमी हुई तब उसने बैंक से ऋण भी लिया और स्वयं भी तकनीकी प्रशिक्षण लेकर खुद कारीगर बनगया। धीरे-धीरे अधिक ऑर्डर आने लगे और उसके व्यापारकी लाभदायकता बढ़ती गई। लेकिन बीच-बीच में ऐसे समय भी आए जब बिक्री कम हो गई और संदेह होने लगा कि बना माल कैसे बिकेगा। हालांकि उसने अपने आपको याद दिलाया कि कमी और अपर्याप्तता मन के कारक हैं। सकारात्मक दिशा में ध्यान केंद्रित करके और जो कुछ भी उसके पास था, उसके लिए कृतज्ञता दिखाकर, उसने इस कठिन समय पार करने की शक्ति प्राप्त की।

नितिन की सफलता ने उसे स्वयं के निवेश की महत्व को समझाया। उसने अनवरत रूप से अपने कौशल और ज्ञान को अपग्रेड करने की आवश्यकता को समझा। उसने कार्यशालाओं में भाग लेने, अन्य कारीगरों के साथ सहयोग करने और मार्गदर्शकों की तलाश करने का निर्णय किया। तभी उससे मेरी मुलाकात हुई थी। उसकी समस्या समझ कर मैंने उसे कुछ सुधारों के लिए तैयार किया जिसे नितिन तुरन्त मान गया और अपने आप को कर्ज के दलदल से परेशान होने से बचा लिया।

नितिन ने समय-समय पर उन लोगों के प्रति कृतज्ञता भी प्रकट की। यह सुनिश्चित करते हुए कि उसके सम्बन्ध सभी से सकारात्मक और शक्तिशाली रहे, उसने अपने विचारों और शब्दों पर ध्यान दिया। जब चुनौतियों का सामना किया, उसने स्वयं से पूछा, "वास्तव में हालात कुछ बुरे हैं लेकिन समाधान भी दूर नहीं हैं" यह दृष्टिकोण नितिन को मुद्दों को उचित संदर्भ में रखने और समस्याओं पर चिंतन करने की जगह समाधान खोजने में मदद करता था।

एक दिन, नितिन ने अपनी अद्भुत यात्रा के दौरान गांव वालों से मिले प्रोत्साहान के लिए विशेष कृतज्ञता महसूस की और उनको धन्यवाद देने का निर्णय किया जिन्होंने उसको पोषित किया था। उसने नवयुवकों का मार्गदर्शन करना शुरू किया और अपनी आय का एक भाग शिक्षा और कौशल विकास कार्यक्रमों को अनुदान करने में दान करने लगा। आज नितिन न केवल एक सफल उद्यमी बन गया, बल्कि उसे पूरे गांव के लिए प्रेरक बना दिया। उसकी कहानी एक लक्ष्य तय करने, वित्तीय अनुशासन, महत्वाकांक्षा, नैतिकता, कल्पना, और ज्ञान की शक्ति के लिए एक साक्षात्कार बन गई।

उसके उदाहरण से, गांववासी यह सीखने लगे कि दृढ़ता, कृतज्ञता, और स्पष्ट दृष्टि के साथ कोई भी सपने को वास्तविकता में बदल सकता है। इस तरह, आने वाली पीढ़ियों को प्रेरित करता रहा। अब हम नितिन की कार्यशैली के विभिन्न तत्वों का विश्लेषण करते हैं।

• लक्ष्य-निर्धारण करना और वित्तीय अनुशासन

यदि नितिन की तरह आप भी चाहते हैं कि आपके सपने वास्तव में पूरे हों तो आपको मेहनत करनी होगी और लॉटरी टिकट खरीदने और स्वादिष्ट कैपुचीनो जैसे महंगे पदार्थों के उपयोग के दैनिक सुखों पर पैसे बर्बाद करना बंद करना होगा। इन पर खर्च होने वाले पैसों पर एक बार नजर डालें और उस राशि को नियमित रूप से मनी मार्केट फंड में निवेश करें। यह शायद आपको तत्काल धनी नहीं बनाएगा, लेकिन धीरे-धीरे धनी बनने के लिए यह एक सिद्ध तरीका है। लेकिन ऐसी योजना पर विचार करने के लिए

आवश्यक अनुशासन कैसे विकसित करें? इसका उत्तर लक्ष्य-निर्धारण में छिपा है। दुर्भाग्यवश, कई लोगों के पास लंबे समय के लक्ष्य नहीं होते हैं। तब लक्ष्य-निर्धारण की अवधारणा समझने में भ्रम हो सकता है।

• प्राप्त करने योग्य लक्ष्य स्थापित करने का महत्व

यह समझना महत्वपूर्ण है कि धनी बनना या स्वर्ण पदक जीतना जैसा लक्ष्य कोई महत्वपूर्ण घटना नहीं है। वास्तविक लक्ष्य विशिष्ट और मापनीय होता है, और उसे प्राप्त करने का एक स्पष्ट मार्ग होता है। प्राप्त करने योग्य लक्ष्य निर्धारित करके और उनको प्राप्त करने के लिए निरन्तर एक समर्पित दिशा में काम करके, आप अपने लक्षित सपनों को पूरा करने के लिए आवश्यक अनुशासन और आदतें विकसित कर सकते हैं।

लोग अक्सर अपने लक्ष्यों को हासिल करने में कड़ा संघर्ष करते हैं, न कि इसलिए कि उनका लक्ष्य बहुत ऊँचा होता है,बल्कि इसलिए कि उन्होंने सफलता को सुनिश्चित करने वाले लक्ष्य नहीं निर्धारित किए होते हैं। यदि आपका लक्ष्य बहुत बड़ा है तो उसे प्राप्त करने की प्रक्रिया को सरल चरणों में बांट लेना चाहिए। ऐसा करते हुए यदि आपको बाह्य स्रोतों से कोई सहायता मिलती है तो उनके प्रति उत्साहित हो जाना एक सामान्य गलती है।

लक्ष्यों का अर्थ बाहर से कुछ प्राप्त करने का नहीं होता है, बल्कि इसमें स्वयं के विकास और परिपक्वता को प्राप्त करना होता है जो लक्ष्य प्राप्ति की दिशा में एक सार्थक क्रिया होती है। इस प्रकार अपने आप का एक बेहतर संस्करण का विकास करके, आप भविष्य में अधिक सफलता को अंगीकार कर सकते हैं।

• अपनी क्षमता से ऊंचे लक्ष्य स्थापित करना

अपने सपनों को परिभाषित करते समय, आपको अपनी इच्छाओं को अपनी वर्तमान क्षमताओं से अधिक ऊंचा स्थापित करना महत्वपूर्ण है। ऐसा करने से आप स्वयं को चुनौती देने की और अधिक ऊचाईयों की प्राप्ति के लिए प्रेरित

कर सकते हैं। उन साधनों का समीक्षा करें जो आपके पास उपलब्ध हैं और उन लक्ष्यों तक पहुंचने के लिए आपको अतिरिक्त संसाधनों की आवश्यकता है। आपको एक व्यापक रणनीति बनानी होगी जिससे आप सभी उपलब्ध संसाधनों का पूर्णतया उपयोग करने में सक्षम होंगे।

यदि आप पहले प्रयास में सफलता नहीं प्राप्त करते हैं, तो निराश न हों। ध्यान रखें कि आपने अपने लक्ष्यों को वर्तमान क्षमता से अधिक ऊंचा स्थापित किया है, और अपने उद्देश्यों की ओर छोटे-छोटे कदम बढ़ाना ठीक है। स्वयं को नई ऊँचाइयों तक पहुंचाने के लिए सतत प्रयास करें, और आप अंततः अपने सपनों को प्राप्त कर ही लेंगे।

• महत्वाकांक्षा और सिद्धांतः सफलता का मार्ग

अपने सपनों को पूरा करने के लिए आपको महत्वाकांक्षाओं की आवश्यकता होती है। बिना किसी महत्वाकांक्षा के कुछ आरंभ नहीं किया जा सकता, और कार्य किए बिना कुछ पूर्ण नहीं होता है। श्रेष्ठ परिणाम आपको अपने आप नहीं मिल पायेंगे बल्कि उन्हें अर्जित करना होगा। कुछ भी कैसे करना है, यह हमेशा सक्रिय होने की गारंटी देता है, लेकिन किसी से कार्य करवा पाने के लिए समझदारी का उपयोग करना होता है। हालांकि, इसके लिए अनेक तरीके उपलब्ध हो सकते हैं, लेकिन कुछ महत्वपूर्ण सिद्धांत ही कारगर हो सकते हैं। जो लोग ऐसे सिद्धांतों को समझते हैं, वे अपने तरीके को सुगमता से चुन सकते हैं। वे लोग जो सिद्धांतों को अनदेखा करते हैं और केवल तरीकों पर ही ध्यान केंद्रित करते हैं, उन्हें कठिनाइयों का सामना करना होता है। सफलता उन्हीं के लिए है, जो अपने विचारों के प्रति निष्ठावान रहते हैं।

• कल्पना और ज्ञान

एक व्यक्ति जो अपने सपने साकार करना चाहता है वह अक्सर आसानी से विश्व में उपलब्ध स्त्रोंतों की खोज कर लेता है। ज्ञान महत्वपूर्ण है, लेकिन इसकी सीमाएँ होती हैं। दूसरी ओर, कल्पना पूरी दुनिया समावेश कर लेती है। यद्यपि कल्पना को नजर अंदाज करते हुए ज्ञान को प्राप्त करना महत्वपूर्ण

है, लेकिन इसे मूल्यांकन करने के लिए अपनी कल्पना का उपयोग करना भी उतना ही महत्वपूर्ण है। यह दृष्टिकोण स्वाभाविक रूप से विषय पर ज्ञान के अन्वेषण और खोज के लिए प्रेरित करता है। शायद आपके पहले प्रयास में सफलता नहीं मिले, लेकिन धैर्य से आप अपने लक्ष्य को प्राप्त कर सकते हैं। याद रखें, जब एक दरवाजा बंद होता है, तो दूसरा खुल जाता है। अक्सर, हम इतने बैचेन हो जाते हैं कि हम खुले दरवाजे से उठने वाले अवसरों को नजरअंदाज कर देते हैं। जीवन में हमें बहुत सारे अवसर प्रदान करता है, लेकिन हम उन्हें शायद नहीं पहचानते। अक्सर, वे कठिनाइयों के रूप में आते हैं। मैं अक्सर अपनी समस्या हल होने पर अक्सर इंद्रधनुषी रंगों को अपने जीवन में महसूस करता हूँ।

यह सत्य है कि अर्थव्यवस्था के अपरिपक्व होने पर भी विचारों को लाभ में बदलने के अवसर हमेशा मौजूद हैं। आर्थिक चुनौतियों के बावजूद, कई लोग बड़ी धनराशि कमाना करना जारी रखते हैं। इसलिए, आप भी उनके श्रेणी में शामिल न हों पायें ऐसा कोई कारण नहीं है।

आप ऐसा कैसे कर सकते हैं?

* **अपना व्यवसाय शुरू करें**

यदि आप आर्थिक स्वावलंबन और धन की प्राप्ति करने का इच्छुक हैं, तो अपना स्वयं का व्यवसाय सफलता के सबसे विश्वसनीय एवं तेज रास्तों में से एक है। आर्थिक मंदी के दौरान व्यवसाय शुरू करना, अचानक छुट्टी का आनंद लेने के सामान है। यहां कम प्रतिस्पर्धा होती है और कीमतें अधिक किफायती होती हैं। इससे आप नए बाजारों की खोज कर सकते हैं और उन्हें उस समय की आर्थिक परिस्थितियों के अनुरूप उत्पादन कर सकते हैं, जिससे आपका व्यवसाय भविष्य में सफलता की दिशा में अग्रसर हो।

आश्चर्यजनक रूप से, आर्थिक मंदी एक नए व्यापार प्रस्ताव शुरू करने के लिए एक उत्कृष्ट अवसर प्रदान कर सकती है। बहुत सारे लाभकारी व्यापार आर्थिक मंदियों के दौरान शुरू किए गए हैं, जिन्होंने सिर्फ इसलिए अपने

उद्देश्य को पूरा किया क्योंकि वह जरूरत को पूरा कर रहे थे,जो आर्थिक संकट के बाद भी बनी रहती है।

• स्वयं पर निवेश करें

स्वयं पर निवेश करना स्टॉक,बॉन्ड,या रियल एस्टेट के मालिक होने से सुरक्षित और अधिक फायदेमंद हो सकता है। पैसे कमाने के अवसर असीम हैं और जिन्होंने जल्दी कार्रवाई की, उन्हें समृद्धि मिलती है। दूसरों को अपने वित्त पर भरोसा करने की बजाय, अपनी विचारों में विश्वास रखना और अपने वित्तीय भविष्य पर नियंत्रण रखना अत्यधिक महत्वपूर्ण है।

अपने ज्ञान और जागरूकता को विस्तारित करने से बहुत सारे अवसर सामने आ सकते हैं जिनसे आपकी आय बढ़ सकती है। जितना अधिक आप अपने आप में निवेश करते हैं, उतना ही ज्यादा वापसी मिलेगी जब आप उन ज्ञान के आधार पर कार्रवाई करेंगे।

अगर आप कलाकार बनने या किसी अन्य पेशे का अपनाने की इच्छा रखते हैं, तो याद रखें कि हर अर्थपूर्ण महत्वाकांक्षा स्वयं के साथ ही शुरू होती है।

• कमी और प्रचुरता - दोनों आपके दिमाग के कार्य हैं।

आपके पास यह शक्ति है कि आप चुन सकते हैं कि आप कहां ध्यान केंद्रित करें। क्या आप साधनों की कमी और आपमें क्या कमी है की ओर ध्यान केंद्रित करेंगे, या आप अपने लक्ष्यों की ओर बढने की दिशा में अपना ध्यान देंगे?

अपने खर्च को सीमित करने में नहीं, बल्कि अपनी इच्छाओं को बढ़ाने की दिशा में अपना ध्यान रखें। उस रचनात्मक ऊर्जा का उपयोग करें जो आपकी इच्छाओं को पूरा करने,आपके जीवन को सुधारने और अपने व्यवसाय को बढ़ाने के लिए खींचती है।

- **जो आपके पास पहले से ही है उस पर ध्यान दें और उसे सराहना शुरू करें!**

आप अपने जीवन में किसी क्षण रुक कर उन सभी पर जो आपके पास हैं विचार करें, मुझे विश्वास है कि आपको खुशी होगी। दुर्भाग्यवश,कई व्यक्ति उन चीजों पर ध्यान केंद्रित करते हैं जो उन्हें अभी तक नहीं मिली है, ऐसा करके वे अपने जीवन में पहले से ही मौजूद साधन जैसे एक छत, परिवहन का साधन, नौकरी, एक समृद्धिशील करियर या व्यवसाय, सहायक परिवार, प्रिय पत्नी, हँसते-खेलते बच्चे, पालतू जानवर, वफादार दोस्त, और अपने रुचियों और सपनों को पूरा करने की स्वतंत्रता, को अनदेखा कर देते हैं। ऐसा करके वे अपने आनंद को खोते हैं और अपने सपनों को पूरा नहीं कर पाते।

- **स्वयं से पूछिएः यह सचमुच कितना खराब है?**

आप जितनी भी कठिनाइयों का सामना कर रहे हों,खाने जैसी बुनियादी ज़रूरतें पूरा हो जाना अपने आप में एक वरदान है। वर्तमान में विश्वभर में अनगिनत लोग गंभीर भूख और कुपोषण का सामना कर रहे हैं। इसी तरह, यदि आप शायद एक ईमेल लिखने जैसे सादा सा काम से जूझ रहे हों, कुछ लोग इस सुविधा से भी वंचित हैं जिनके पास कंप्यूटर का उपयोग करने का मौका नहीं है, बल्कि उनके पास बिजली की भी सुविधा नहीं है।

यह महत्वपूर्ण है कि आप समझें कि आपके सामने आने वाली कठिनाइयां संभावित रूप से अस्थायी होती हैं और अनगिनत व्यक्ति ख़ुशी-ख़ुशी आपके स्थान पर आने को तैयार होते हैं। अपने परिस्थितियों को असंभव बाधाएं मानकर नहीं, उन्हें चेतावनी संकेतों के रूप में देखें कि शायद आपका ध्यान गलत दिशा में जा रहा हो। इन चेतावनी संकेतों को स्वीकार करके और उनसे निपटकर, आप अपनी ऊर्जा को एक और सकारात्मक दिशा में पुनर्निर्देशित कर सकते हैं।

- **आभार प्रकट करें**

आपके जीवन में आभार प्रकट करना सकारात्मक चीजें आकर्षित करने के लिए एक शक्तिशाली उपकरण हो सकता है। जब आप कृतज्ञता की भावना को संवारते हैं, तो आप नए अवसरों और संभावनाओं के लिए अपने मन को खोलते हैं। इसका कारण है कि आभार सकारात्मक मानसिक अवस्था पैदा करता है जो आपको उन अवसरों को पहचानने और उन्हें पकड़ने की अनुमति देती है जिन्हें आप अन्यथा केवल छू सकते थे।

आभार संख्यात्मक और भावात्मक दोनों प्रकार से गरीबी को परास्त करने का सबसे सरल तरीका है। निरंतर ध्यान केंद्रित करके जिन चीजों के लिए आप आभारी हैं, उन्हें बढ़ते रहने पर आप अपने दृष्टिकोण को अभाव के स्थान पर परिवर्तित कर सकते हैं। जब आप अपनी धनात्मकता को अपने आभार की गहराई से मापते हैं, और उस भावना को अक्सर एक अभ्यास बना लेते हैं, तो आप वास्तव में धन और सफलता को आकर्षित करने में अटूट बन सकते हैं। आभार के साथ अपने आपको सामंजस्यपूर्ण बनाने से आप अपने जीवन में बेहतर चीजें आकर्षित कर सकते हैं। तो,यदि आप विशाल धन और सफलता का अनुभव करना चाहते हैं, तो पहले उन आशीर्वाद के लिए कृतज्ञता और सम्मान का विकास करके शुरू करें जो पहले से ही आपके पास हैं। एक कृतज्ञ हृदय और खुले मन के साथ,आप एक जीवन को नेतृत्व, समृद्धि, और परिपूर्णता से भर देने में सक्षम हो सकते हैं।

- **कृपया गहन ध्यान दें कि आप क्या सोचते हैं और क्या कहते हैं!**

कठिन समयों में, नकारात्मक विचारों में रहना और निराशावादी टिप्पणियां करना आम बात है। जीवन,व्यापार या अर्थव्यवस्था के साथ क्या गलत है, पर लगातार सोचते रहना और ऐसा करने से आप उसी पर ध्यान केंद्रित करेंगे और कुछ ही समय में, आप अपने पूर्वानुमानों को पूरा करने में कामयाब हो सकते हैं, जिनके बारे में हमने पहले चर्चा की थी। साथ ही, जो भी खबरें आप

सुनते हैं, उसे बार-बार दोहराने का महत्व नहीं है। यह याद रखें कि ध्यान जहां जाता है, वहां ऊर्जा बहती है। अपनी चिंताओं के बजाय अपनी इच्छाओं पर केंद्रित होकर, आप अपने रचनात्मक सोच को बढ़ाएंगे। रचनात्मक सोच की सहायता से आप अपनी समस्याओं के लिए समाधान तैयार कर सकते हैं और नई अवसरों को पहचान सकते हैं।

मुख्य विचारणीय बिन्दु

1-**लक्ष्य-निर्धारण और वित्तीय अनुशासन:** वित्तीय सफलता और सम्पत्ति प्राप्त करने के लिए, स्पष्ट और संभाव्य लक्ष्य निर्धारित करना और वित्तीय अनुशासन का अभ्यास करना अत्यंत महत्वपूर्ण है। अनावश्यक खर्च पर पैसे बर्बाद करने से बचें और धीरे-धीरे निवेश करके अपनी सम्पत्ति को समय के साथ स्थिर रूप से बढ़ाएं।

2-**संभाव्य लक्ष्यों का महत्व:** लक्ष्य को विशिष्ट,मापनीय और साफ समर्थन का रास्ता होना चाहिए। अपने लक्ष्यों की प्राप्ति के दौरान व्यक्तिगत विकास और विकास पर ध्यान केंद्रित करें, क्योंकि इसका महत्व अंतिम परिणाम के समान है।

3-**अपनी क्षमता से ऊपर के लक्ष्य निर्धारित करें:** वर्तमान क्षमताओं से परे उत्साहवादी लक्ष्यों को तय करके अपने आप को चुनौती दें। उन्हें प्राप्त करने के लिए छोटे-छोटे कदम उठाएं और उपलब्ध संसाधनों का पूरा उपयोग करें।

4-**महत्वाकांक्षा और सिद्धांत:** सफलता के लिए महत्वाकांक्षा और मेहनत की आवश्यकता होती है। महत्वपूर्ण सिद्धांतों को समझकर अपने लक्ष्यों की प्राप्ति के लिए सही तरीके का चयन करने में मदद मिलती है।

5-**कल्पना और ज्ञान:** ज्ञान को कल्पना के साथ मिलाकर नए संभावनाओं और समाधानों का पता लगाएं। विफलताओं को एक सीखने का मौका मानें और अपनी आकांक्षाओं के स्पष्ट दृष्टिकोण को बनाए रखें।

6-**अपना व्यवसाय शुरू करें**: व्यवसाय के मालिक बनना वित्तीय स्वतंत्रता और सम्पत्ति की ओर पहुंचाता है। आर्थिक मंदी उन्हें सफल व्यवसायों को शुरू करने के लिए मौके प्रदान कर सकती है, जो वर्तमान आवश्यकताओं को पूरा करते हैं।

7-**सकारात्मक सोच और रचनात्मकता**: नकारात्मक विचारों और निराशावादी टिप्पणियों से बचें। इच्छाएं पर ध्यान केंद्रित करें, रचनात्मक सोच को सुधारें और नई संभावनाएं खोजें।

8-**अपने आप में निवेश करें**: अपने आप में निवेश ट्रेडिशनल निवेश से अधिक सुरक्षित और भरपूर हो सकता है। ज्ञान और जागरूकता को विस्तार करने से आय और व्यक्तिगत विकास में दरवाजे खुलते हैं।

9-**अभाव और परिपूर्णता**: जो आप चाहते हैं उसे उत्पन्न करने पर ध्यान केंद्रित करें, पॉजिटिविटी और विकास को आकर्षित करें।

10-**आपके पास पहले से ही क्या है, उसकी सराहना करें**: अपने जीवन में उपलब्धि के लिएकृतज्ञता को प्रतिष्ठित करें। यह सोचने से जो अधिक सकारात्मक चीजें और अवसर आकर्षित हो सकते हैं।

11-**समस्याएं सही परिप्रेक्ष्य में रखें**: यह जानें कि कई अन्य लोग अधिक बड़ी चुनौतियों का सामना करते हैं। मुश्किलों को सकारात्मक दिशा में अपनी ध्यान और ऊर्जा को पुनर्निर्देशित करने के लिए संकेत के रूप में उपयोग करें।

12-**कृतज्ञता व्यक्त करें**: कृतज्ञता सकारात्मक परिणामों को आकर्षित करने के लिए एक शक्तिशाली उपकरण है। कृतज्ञता की मानसिकता को प्रतिष्ठित करके आप संभावनाओं को पहचान सकते हैं और आपको सफलता आसानी से मिल सकती है।

निष्कर्षः

स्थायी धन और सफलता प्राप्त करने के लिए, लक्ष्य-निर्धारण और वित्तीय अनुशासन के मध्य सामंजस्य स्थापित करना महत्वपूर्ण है। अल्पकालीन लालसाओं पर अपने संसाधनों को व्यर्थ करने की जगह, वे धन की सतत् बचत कर उनका व्यय औचित्यपूर्ण करें। लक्ष्यों की प्राप्ति के लिए हमेशा अनुशासित प्रयासों की आवश्यकता होती है। लक्ष्य-निर्धारण में व्यक्तिगत विकास भी शामिल किया जाना चाहिए, खुद को चुनौती दें क्योंकि चुनौतियों के बीच, मुश्किल समय में व्यापार शुरू करने में अवसर प्रचुर मात्रा में मिल जाते हैं। सिद्धांतों, महत्वाकांक्षा, मेहनत तथा वर्तमान स्थिति को दृष्टिगत रखते हुए लक्ष्यों को निर्धारित करें। चूंकि सुसंगत कल्पनाऐं अर्जित ज्ञान को पूरा करती हैं, सकारात्मक विचारों पर ध्यान केंद्रित करें, खुद पर निवेश करें, और इच्छाओं में ऊर्जा को प्रेरित करें, प्रचुरता को स्वीकार करें, जिनसे तनिक भी मदद मिल रही है उनके प्रति कृतज्ञता व्यक्त करें, तभी आप समृद्धि और पूर्णता की ओर अग्रसर होने के लिए निष्कंटक राह प्राप्त कर सकेंगे।

लेकिन यह सभी तभी संभव है जब हम सकारात्मक मानसिकता को पोषित करें। सकारात्मक मानसिकता कैसे पोषित हो, पर हम अगले अध्याय में विचार करेंगे।

"मुझे तो यह ज्ञात है कि जब मैं 60 वर्षीय हो जाऊंगा, तो मेरे पास 20 वर्ष की आयु में प्राथमिकता रखने वाले व्यक्तिगत लक्ष्यों को प्राप्त करने का प्रयास करना चाहिए।"
- वॉरेन बफेट

3

सकारात्मक मानसिकता को पोषित करना

Image by storyset on Freepik

हम स्वयं को बड़े और छोटे तरीकों से रोकते हैं, आत्मविश्वास
की कमी से, हाथ न बढ़ाने से,
और जब हमें आगे बढ़ना चाहिए, तो पीछे हट जाने से।
- शेरिल सैंडबर्ग

कुछ समय पहले बाड़ी नामक छोटे से गाँव में सपना देखने वाली एक युवा शिल्पा रहती थी जो एक जिज्ञासु और कल्पनाशील होने के अलावा सहजता और प्रगति पर विश्वास करती थी। अपने जीवन में महान बनने का उसका दृढ़ निश्चय था, और उसे यह मालूम था कि कल्पना, मित्रता और ज्ञान को ग्रहण करना उसके मार्गदर्शन के लिए आवश्यकहोंगे। शिल्पा ने हाथ की दस्तकारी जिसे हम हैण्डीक्राफ्टस् भी कहते हैं, का प्रशिक्षण निकट जनपद से एक सरकारी संस्थान से लिया हुआ था। वह उस प्रशिक्षण का लाभ उठाना चाहती थी।

शिल्पा की एक सरल नियमित जीवनचर्या थी। हर सुबह गांव के बीचोंबीच बहती नदी के किनारे बैठकर उसकी जल-तरंगों को देखते-देखते वह सपनों की इमारत खड़ा करने के लिए अपनी योजना का एक-एक ईंट जोड़ने का प्रयास करती थी। उस नदी से घर के लिए पानी लेने आतीं औरतों से बातचीत करती तो उसे हर दिन कुछ नया सीखने और अपनी प्रगति पर विचार करने का अवसर मिलता था। उसका यह मानना था कि दैनिक जीवन मे नियमित सक्रियता उसके समग्र सुधार की प्रथम कुंजी है।

कल्पना की शक्ति को ग्रहण करना शिल्पा की प्रिय चीज़ था। उसे मालूम था कि अपनी संभावनाओं को सुलझाने के लिए सामान्य सीमाओं से परे सोचना ज़रूरी था। उसने अपने मन में कहानियाँ बुनना शुरू कर दिया, हर एक कहानी उसे उसके सपनों के क़रीब ले जाती थी। वह खुले मन से सभी संभावनाओं पर विचार करती रहती थीं, उसके मन में बिल्कुल भी यह भय नहीं था कि समाज उसे क्या कहेगा या वह काम कैसे आरम्भ करेगी।

एक दिन, शिल्पा गांव के सरपंच अजीत बाबू से मिलीं, जिन्होंने अपने जीवन में उल्लेखनीय चीजें हासिल की थीं। उन्होंने सफलता के लिए एक रणनीति साझा की जिसे उन्होंने "निरंतर अनुसरण करने की शक्ति" कहा था। उन्होंने बाधाओं और नकारात्मक सोच को ठुकराते हुए सहनशीलता के महत्व पर जोर दिया और कहा कि वह नदी किनारे आती हुयीं महिलाओं का एक समूह बनाये और उनसे हैण्डीक्राफ्टस से घरेलू सजावट की कुछ वस्तुएं बनवाये।

शिल्पा नयी ऊर्जा के साथ उन महिलाओं से मिली जो सफलता के प्रति उसके समान रुचि रखतीं थीं और कुछ पैसा कमाने और अपना खाली समय का सदुपयोग करने के अपने सपनों को साकार करना चाहती थी। शिल्पा ने उन्हें एक समूह के रुप में संगठित होकर अपने खाली समय में हैण्डीक्राफ्टस की कुछ वस्तुएं बनाने के लिए प्रोत्साहित किया। जब वोह सब मान गयीं तो एक दिन उसने स्थानीय बाजार से ही कुछ कच्चा माल खरीदा और समूह को चटाई बनाने के लिए प्रशिक्षण दिया।

समूह के सदस्यों की रुचि और विश्वास उनके साथी बन गए, जो एक-दूसरे का समर्थन करने के लिए मूल आधार बन गए। साथ मिलकर, वे अपने सपनों की प्रतिद्वंद्विता रहित अनुसरण करने का संकल्प लेकर निर्णायक सफलता की तरफ चल पड़े। फिर भी शिल्पा की यात्रा चुनौतियों के बिना नहीं थी। उसे हार और विपदा का सामना करना पड़ा, लेकिन उसने उन्हें चटाई बनाने के लिए अपना विचारधारणा बदलकर उन्हें मौक़े की भूमिका में बदल दिया। एक सकारात्मक दृष्टिकोण के साथ, उसने हार को समृद्धि के अवसरों में बदल दिया।

लोगों के साथ उसकी व्यवहारिकता के माध्यम से, शिल्पा को अनुभूति की शक्ति का अनुभव हुआ। उसे यह मालूम हो गया कि उसकी मानसिकता ने उसके संबंध और अनुभवों को आकार दिया। आशावाद और सकारात्मक सोच के साथ, उसने अर्थपूर्ण संबंध बनाए जो उसकी यात्रा को समृद्ध करते थे।

समय शिल्पा के लिए एक मूल्यवान संपत्ति था, और उसने हर पल को अपने लक्ष्यों पर काम करने के लिए उपयोग किया। उसे मालूम था कि समय की शक्ति का उपयोग करने से उसके सपने साकार होने में मदद होगी।

अपने सपनों को साकार करने के रास्ते में, शिल्पा ने उन महिलाओं से भी मुलाक़ातें कीं जो आसानी से निराश हो जाते थे और जिनमें सफलता के लिए आवश्यक सहनशीलता की कमी होती थी। शिल्पा जानती थी कि अपनी प्रतिष्ठा और धारणाओं में मजबूत रहना महानता की कुंजी थी। शिल्पा निरंतर

उन्हें अपने समूह में जोड़ने का प्रयास करती रहती। वित्त लाभों को देखते हुए उसका समूह निरंतर बढ़ने लगा और गांव वाले उस समूह के माल को निकटवर्ती जनपदों के बाजारों में ले जाकर बेचने में रुचि दिखाने लगे।

जैसे ही शिल्पा का कांरवा बढ़ा, उसकी मेहनत ने पूरे गांव की काया सी पलट दी क्योंकि हर घर की महिलाऐं उसके समूह से जुड़ गयीं और पुरुष समूह के उत्पादों को बाजारों में ले जाने लगे। इससे हर घर की आय में वृद्धि हुई। शिल्पा के कार्य ने आसपास के लोगों को प्रेरित किया कि वे चुनौतियों के बावजूद अपने सपनों को साकार करने में सक्रिय हों। बाड़ी ग्राम ने एक सपने देखने वाली युवती को अपने कार्यों से ग्राम का नेता बनते हुए देख हर्षित हुआ और जनपद के प्रशासन ने भी गांव की अर्थव्यवस्था और खुशहाली पर उसके सकारात्मक प्रभाव की सराहना की।

यह शिल्पा का अटल दृढ निश्चय और सकारात्मक दृष्टिकोण ही था जिसने उसके सपने साकार किए। उसने अपने लक्ष्यों को प्राप्त किया और अपने सामर्थ्य के प्रति अमिट विश्वास से ऊंचाईयों को छूने के रूप में खड़ी रही।

अटल सपना देखने वाली शिल्पा की अमर रहने वाली कहानी ने बाड़ी गांव ही नहीं बल्कि अन्य गांवों में भी सभी को सहनशीलता की शक्ति, कल्पना, मित्रता और ज्ञान को ग्रहण करने का महत्व और सकारात्मक दृष्टिकोण का महत्व सिखाया। उसकी यात्रा एक ऐसी दृढ विश्वास की गाथा बन गई, जो हर उस के लिए भी संभव थी जो बड़े सपने देखने और अपने लक्ष्यों को प्राप्त करने के लिए कड़ी मेहनत करता है। अब हम सकारात्मक मानसिकता को पोषित करने और उत्कृष्टता प्राप्त करने के प्रयास करती शिल्पा की कार्यशैली के विभिन्न तत्वों का विश्लेषण करते हैं -

• सफलता का मार्गः सतत् प्रयास

अपने लक्ष्यों को प्राप्त करने के लिए, यह महत्वपूर्ण है कि शिल्पा ने विश्वास किया और आप भी विश्वास करें कि एक रास्ता है। यदि आप वर्तमान में इस विश्वास में कमी महसूस कर रहे हैं, तो इसे बदलने के लिए प्रयास करें और

नियमित रूप से स्वयं से कहते रहें कि रास्ता है। इस मानसिकता को स्थापित करने के बाद, अपने लक्ष्यों को पूरा करने के लिए विभिन्न तरीकों का अन्वेषण शुरू करें। आसानी से हार मत मानें - सफलता का रहस्य सतत् प्रयास में ही निहित है।

खुले मन से रहें और नए चीजें सीखने को तैयार रहें। सोचें नहीं कि आपको पहले से ही सब कुछ पता है या सभी चीजें पहले ही कर चुके हैं। बल्कि, नए समाधानों की खोज करने पर ध्यान केंद्रित करें और अपने अवचेतन मन को नए तरीकों को प्राप्त करने में आपकी सहायता करने के लिए निर्देशित करें। ध्यान रखें कि सफलता संभव है, और यह पॉजिटिव मानसिकता और सतत प्रयास करने की इच्छा से शुरू होती है।

- ### कल्पना, मित्रता और ज्ञान से मित्रता करना

समाज से समायोजन करना सामान्य व्यक्ति की स्वभावगत विशेषता होती है, जबकि एक महत्वाकांक्षी व्यक्ति उसको अपनी पसंदों के अनुसार समायोजित करने का प्रयास करता है। इसलिए,ऐसे व्यक्ति ही प्रगति कर पाते हैं। कल्पना ज्ञान से अधिक महत्वपूर्ण है। जीवन की चुनौतियाँ और कठिनाइयाँ हमें मज़बूत बनाने के लिए होती हैं,और उस समय सबसे मूल्यवान उपहार वे होते हैं जो सच्चे मित्रों के दिल से आते हैं। जीवन एक यात्रा है जिसमें भौतिक दुनिया की स्थान पर भावनाएं हैं। वे लोग जो अपने विफलताओं से ज्ञान प्राप्त करते हैं, वे ही वास्तविक रूप से विनम्र होते हैं।

- ### ईंट पर ईंट रखकर सफलता प्राप्त करना : रोज़ाना सीखने की इच्छा

सफलता एक ऐसी यात्रा है जो धीरे-धीरे एक-एक कदम के साथ सम्पन्न होती है। हम अपने सपने को पूरा करने का प्रयास करते हैं, इसलिए अधिक सफलता के लिए ईंट जल्दी से रखने के तरीके खोजना महत्वपूर्ण है। यह एक रणनीति है कि लक्ष्यों की पहचान करने और एक योजना विकसित करने के तहत रोज़ाना उन लक्ष्यों से संबंधित कम से कम एक नई चीज सीखने के

लिए प्रयास किया जाए। ऐसा करके हम रोज़ाना एक सफलता का अनुभव कर सकते हैं।

यह ध्यान रखना महत्वपूर्ण है कि सफलता एक रात में नहीं मिलती। इसके लिए लगातार संयम और सतत् कदम उठाने की आवश्यकता होती है जो हमारे लक्ष्यों की ओर रोज़ाना छोटे-छोटे कदम लेने में है। पहला कदम लेना अक्सर सबसे मुश्किल होता है, लेकिन यह सबसे महत्वपूर्ण भी होता है। एक बार हम आगे बढ़ना शुरू करते हैं, हम प्रगति करने की महसूस कर सकते हैं और स्वयं को प्रेरित रखने के लिए जोश भी बढ़ा सकते हैं।

रोज़ाना के लक्ष्य सेट करके और एक नई चीज़ सीखने के लिए समर्पित होकर, हम अपने लक्ष्यों की ओर गति को तेज़ कर सकते हैं। रोजाना की प्राप्तियों से हमारा आत्मविश्वास बढ़ता हैऔर हम उत्साहित रहते हैं। पहला कदम उठाना न भूलें, सफलता की यात्रा की वही शुरुआत होगी!

सफलता को प्राप्त करने और अपने सपनों को पूरा करने के लिए, जीवन भर दर्शन, गर्व और वास्तविक चरित्र प्रदर्शित करना महत्वपूर्ण है। इसके लिए हर मौके के साथ ईमानदारी से अपने रास्ते को निभाने की आवश्यकता होती है। ऐसा करके, सफलता स्वभावतः आपका अनुसरण करेगी।

• जीवन में समग्र सुधार के लिए रणनीति

जीवन में समग्र सुधार के लिए आपको पर्याप्त धन की आवश्यकता होती है और अधिक धन आकर्षित करने के लिए, आपको एक संतोषजनक करियर और स्पष्ट उद्देश्यों को परिभाषित करने और एक लक्ष्य-उन्मुखी योजना विकसित करनी होगी। अपने संवेदनशील और अचेतन मन को सम्पत्ति का निर्माण करने पर केंद्रित करें और सफल व्यक्तियों के विचार प्रवृत्तियों को अपनाएं, जिन्होंने अपना संपत्ति साम्राज्य उत्पन्न किया है। नियमित अभ्यास के साथ, आप अपने वांछित परिणाम प्राप्त कर सकते हैं और अपने जीवन के सभी क्षेत्रों में समृद्धि का अनुभव कर सकते हैं।

इस योजना को प्रभावी बनाने के लिए, हर दिन अपने सीखे हुए कामों पर विचार करना और उन्हें नोट करना महत्वपूर्ण है। इस दैनिक परिवेशना से हमें अपनी प्रगति का मूल्यांकन करने और यात्रा के प्रति हमारे समर्पण को मजबूत करने का अवसर मिलता है। इसके अलावा, यह अभ्यास हमारे आत्मविश्वास को बढ़ा सकता है और हमें एक और कदम उसी दिशा में उठाने के लिए प्रेरित कर सकता है। प्रत्येक वह क्षण जिसे आप पिछले या भविष्य के क्षेत्रों की यात्रा में समर्पित करते हैं, वह स्वयं के असली समय की सार्थक स्मृतियों की भूख को भुना देता है जो वर्तमान क्षण में बनाई जा सकती हैं।

• नकारात्मक सोच एवं असफलताएँ

अपने सपनों को साकार करने के लिए हमें अपनी कल्पनाशक्ति का उपयोग करके अपने अनुभवों से आगे बढ़ना होगा। जब हम बड़े होते हैं, अक्सर हम गलतियों को अपनी असफलतायें मानते हैं, जो हमारे लिए अवसाद का कारण बन जाती हैं कि हम कुछ सही तरीके से नहीं कर सकते। ऐसी नकारात्मक सोच एक पूर्वानुमान बन सकती है, जो हमारी सीखने और विकास की क्षमता को बाधित कर सकती है। अपनी गलतियों का सबसे अधिक लाभ उठाने के लिए, यह महत्वपूर्ण है कि हम स्वयं से पूछें: "हम इनसे कैसे सीख सकते हैं?' मैं कभी भी हार से डरा नहीं हूँ।

• कल्पनाशक्ति का अंगीकार करना : मानवीय सामर्थ्य को पहचानना

आपकी कल्पनाऐं आपकी अभिलाषाओं को मूर्त्तरुप देती हैं। यदि आप कोई कल्पना नहीं करते, तो आप कुछ प्राप्त करने की सपना भी नहीं देख सकते। केवल मानव मन की ही यह सुन्दरता है कि वह किसी भी कल्पना को अपने सपनों में अस्तित्व में देख लेता है। यह एक वरदान है जो हमारे लिए अद्वितीय है, और यह ही हमें अन्य सभी जीवों से अलग करता है। कल्पना और रचना करने की शक्ति एक सुंदर चीज है, और हमें पूरी तरह से इसका उपयोग करना चाहिए।

- ## निरंतर अनुसरण करने की शक्ति

जब आप अपने लक्ष्यों को निर्धारित कर लेते हैं,तो आवश्यक है कि आप उनका अनुसरण निरंतर करें,चाहे कितनी भी कठिनाइयां हों। यही मानसिकता कठिनाइयों और असफलताओं के माध्यम से अग्रसर होने के लिए प्रोत्साहित करती है, जिससे अंततः अपने लक्षित परिणामों तक पहुंचने में सफलता मिलती है। बिना सही क्षण की प्रतीक्षा करने या भाग्य की कामना करने से अवसर छूट जाते हैं और लक्ष्यों की दिशा में प्रगति की कमी होती है। यह महत्वपूर्ण है कि हम हर दिन उन लक्ष्यों को प्राप्त करने के लिए छोटे-छोटे कदम उठाएं, चाहे यह किसी नई कौशल को सीखने से हो, नेटवर्किंग से हो या कोई जोखिम लेने में हो।

- ## अंतरंगता, पूर्व परिचय और विश्वास का महत्व

अपने लक्ष्यों को प्राप्त करने के लिए,उन लोगों के साथ जिनसे आप को सहयोग मिलने की आशा है, अंतरंगता और विश्वास का संबंध स्थापित करना महत्वपूर्ण है। इसके बारे में सोचें, आप किन लोगों से उत्पादों या विचारों को खरीदने की प्रवृत्ति रखते हैं? बहुत संभावना है, आप उन लोगों से खरीदारी करते हैं जिन पर आप विश्वास करते हैं और जिनके साथ आपका अच्छा संबंध है। यदि किसी व्यक्ति के पास किसी विशेष क्षेत्र में विशाल विशेषज्ञता है, लेकिन आप उन्हें नहीं जानते और उन पर भरोसा नहीं करते हैं, तो आप अपने चचेरे भाई के सलाह की सुनने की अधिक संभावना है। इसलिए अंतरंगता, पूर्व परिचय और विश्वास निर्णय लेने में एक महत्वपूर्ण भूमिका निभाते हैं।

- ## दृढ़ अनुसरणः सपने साकार करने का मार्ग

अपने लक्ष्यों को प्राप्त करने के लिए निरंतर कार्य करना होगा। निरंतर प्रगति के लिए यह आवश्यक है कि आप लक्ष्यों की एक अनंत सूची बनायें। आपको यह सुनिश्चित करना होगा कि कोई भी विफलता आपको निराश न करे, बल्कि आपको उस सूची पर और अधिक परिश्रम करने की प्रेरणा मिलती

रहे। आप विफलताओं को कैसे संभालते हैं इसी पर निर्भर होता है। अपने जीवन में रिश्ते बनाना अपने लक्ष्यों को प्राप्त करने में सहायता करने के लिए महत्वपूर्ण है। दृढ़ता महत्वपूर्ण है, जिसे एक पत्थर को काटने वाले शिल्पकार के उदाहरण में देखा जा सकता है, जो तब तक पत्थर पर हथौड़ा मारता है जब तक वह उसकी कल्पना के अनुसार रुप धारण करने योग्य हो जाता।

• अपने सपनों को साकार करने की यात्रा: घटक और धुन

अपने सपनों को पूरा करने के लिए एक अच्छा व्यवसाय/व्यापार, आरामदायक घर, खुशहाल परिवार, विश्वसनीय पेंशन योजनाएं और पर्याप्त बीमा जैसे कई घटकों की आवश्यकता होती है। साथ ही, अपने सुखदायक जीवन के लिए अवकाश और चिकित्सा उपचार जैसे खर्चों के लिए पर्याप्त वित्त भी जरूरी है। इसे ध्यान रखना महत्वपूर्ण है कि अपने सपनों को पूरा करना रातोंरात नहीं होता है; इसमें समय और प्रयास लगता है। अक्सर, हम महसूस करते हैं कि हम प्रगति नहीं कर रहे हैं और अपने लक्ष्यों से भटक गए हैं, जिससे हम निराश हो सकते हैं।

• सपनों को साकार करने के चार तत्व

सपनों को साकार करने के लिए मुख्यत: चार तत्वों की आवश्यकता होती है -जिज्ञासा, आत्मविश्वास, साहस और स्थिरता। आप कुछ भी प्राप्त कर सकते हैं यदि आप अपने सपनों को पूरा करने के लिए अपनी क्षमताओं से पूरी तरह परिचित हैं। आप में अपने लक्ष्यों के प्रति जिज्ञासा होनी चाहिए। आप में आत्मविश्वास प्रचुर मात्रा में होना चाहिए जोकि सबसे महत्वपूर्ण है। जब आप किसी चीज में पूरी तरह से विश्वास करते हैं, तो वह बिना किसी संदेह के और अटलता से करें। आप में साहस होना चाहिए और पूरी तरह से आप में स्थिरता होनी चाहिए।

यदि आप अपने पेशेवर लक्ष्यों को प्राप्त करने के बारे में अस्पष्ट महसूस करते हैं, तो अपनी अल्पकालीन एवं दीर्घकालीन आवश्यकताओं पर ध्यान देना

एक निश्चित कदम है जिससे आप निश्चित दृष्टिकोण प्राप्त करने के लिए उठा सकते हैं।

• अभिज्ञता की शक्ति

कैसे आपका दृष्टिकोण आपके संवाद को आकार देता है?जब आप किसी से पहली बार मिलते हैं, क्या आप उन्हें निर्धारित करने, आलोचना करने या अविश्वास करने पर ध्यान केंद्रित करते हैं?या क्या आप उन गुणों की खोज करते हैं जिन्हें आप सराह सकते हैं, प्रशंसा कर सकते हैं, और अच्छा महसूस कर सकते हैं? यह महत्वपूर्ण है कि आप जिसकी खोज कर रहे हैं, वही आपको मिलेगा। यदि आप नियमित रूप से दोषों या नकारात्मकता की खोज करते हैं, तो आप इसे खोजेंगे। हालांकि, यदि आप सकारात्मकता और भलाई की खोज करते हैं, तो आप वह ही खोजेंगे। इसलिए, उन लोगों के साथ सकारात्मक संबंध बनाने पर ध्यान केंद्रित करें, और आप अपने सपनों को पूरा करने के लिए एक कदम करीब आएंगे।

• सफलता की चाबीः कार्य करने की शक्ति

सफलता के प्राप्त करने के कई रास्ते होते हैं, जिनमें अपने विचारों पर गहरा शोध करना, सफलता की योजना बनाना, सफलता की उम्मीद करना और कार्य करना शामिल होते हैं। आश्चर्यजनक तौर पर, कई लोग अक्सर कार्य करते-करते अंतिम कदम छोड़ देते हैं। सफलता प्राप्त करने के लिए कार्य करने और उसके लिए अभ्यास करना महत्वपूर्ण है।

• सपनों को वास्तविकताओं में बदलना

यह महत्वपूर्ण है कि आपके सपने वास्तविकता में परिवर्तित हों। अपने सपनों को साकार करने के लिए एक विचार और एक योजना से कुछ अधिक चाहिए। इसमें क्रिया और अपने संज्ञान खण्ड से बाहर निकलने की इच्छा शामिल होती है। इसलिए, अगर आपका सपना पूरा करने की पहली कदम

उठाने का समय आ गया है, तो आगे बढ़ें और ध्यान रखें कि सफलता संभव है अगर आप इसके लिए मेहनत करने को तैयार हैं।

• आशावाद और सकारात्मक संबंधों की शक्ति

अपने सपनों को पूरा करने के लिए, स्वयं पर और दूसरे लोगों पर विश्वास करना महत्वपूर्ण है और सकारात्मक दृष्टिकोण रखना अनिवार्य है। दूसरों की भलाई के बारे में अच्छे ढंग से बोलकर और सकारात्मक ढंग से बोलने से, आप ऐसे मित्रों को आकर्षित करेंगे जिनके मन में एक ही सोच होगी। अपने शत्रुओं भी आपके मित्र बन सकते हैं अगर आप उनके सकारात्मक गुणों की खोज करें। यह न केवल उनके लाभकारी होगा बल्कि आपके लिए भी। इसके द्वारा, आप अपने कार्यों के कारण और परिणाम को बेहतर ढंग से समझ पाएंगे, जिससे आप समय के साथ एक मजबूत व्यक्ति में विकसित हो सकेंगे।

• समय की शक्ति का उपयोगः सफलता के लिए हर क्षण का प्रयोग

अपने समय का प्रभावी और उत्पादक रूप से उपयोग करना भी महत्वपूर्ण है। हर क्षण महत्वपूर्ण होता है और एक बार खो दिया जाए, तो फिर से प्राप्त नहीं किया जा सकता। समय एक कीमती सम्पत्ति है जिसे व्यर्थ नहीं जाना चाहिए। लोग अक्सर हर पल के महत्व को महसूस नहीं करके वर्षों की मेहनत व्यर्थ कर देते हैं।

इसलिए सफलता के लिए हर अवसर के प्रति एक ईमानदार दृष्टिकोण, उचित प्रयत्न करना, और हर पल का सदुपयोग करना अत्यंत आवश्यक है। ऐसा करके, आप अपने सपनों को पूरा कर सकते हैं और महत्वपूर्ण उपलब्धियां प्राप्त कर सकते हैं।

- **विश्वास और मस्तिष्कः कमजोर और मजबूत व्यक्ति के बीच अंतर**

यह जान लेना महत्वपूर्ण है कि कमजोर व्यक्ति भाग्य और परिस्थितियों पर विश्वास करते हैं, समझते हैं कि सफलताऐं किसी के नाम या सही समय पर सही स्थान में होने का परिणाम होती हैं। हालांकि, मजबूत व्यक्ति कारण और परिणाम पर विश्वास करते हैं, वे अपनी क्रियाएँ और अपने लक्ष्यों पर अपने प्रभाव को पहचानते हैं।

- **जीत और हार को एक समान महत्वः महानता की राह**

अपने सपने पूरा करने के लिए कार्य करने के दौरान आपको किसी भी असफलता पर घबराने या निराश होने की आवश्यकता नहीं है। दुनिया में कहीं न कहीं सभी को असफलता का सामना करना पड़ता है। कुछ लोग हार से नष्ट हो जाते हैं, और कुछ विजय से छोटे और कमजोर बन जाते हैं। महानता उस व्यक्ति में बसती है जो हार और जीत दोनों से अप्रभावित होता है।

- **सकारात्मक रवैये की शक्ति**

आपका दृष्टिकोण सफलता की कुंजी है। यद्यपि आप अंदर से जानते हैं कि मैं सही हूँ, लेकिन इसे अपने दैनिक जीवन में लागू करना चुनौतीपूर्ण हो सकता है। आपका दिल अच्छा है और दूसरों के प्रति गहरी चिंता है, किसी को नुकसान पहुंचाने से बचते हैं। आपको अपना दृष्टिकोण को बदल देंगे, इससे प्रेम की अदृश्य शक्ति का उपयोग करने के लिए पर्याप्त नहीं होगा। अपने सपने पूरे करने के लिए, आपको सकारात्मक रवैये की दिशा में सक्रिय रूप से काम करना होगा और रोजाना अपने मन में प्रेरणादायक विश्वासों को भरना होगा। इसके लिए आपको मेहनत की जरूरत होगी, लेकिन जब आपकी आदतें आपके भावनाओं और कार्यों को प्रभावित करने लगेंगी, तो यह वाकई मेहनत योग्य होगी। इस बदलाव के साथ, आप सुबह के मुकाबले में मीलों आगे होंगे।

यदि आप अपने मन को सकारात्मक विश्वासों और रवैये से भरते हैं जो सफलता की ओर ले जाते हैं, तो आपका भाग्य बदल सकता है। इसे प्राप्त करने के लिए, आपको तानाशाही की आदतों को छोड़ देने, दूसरों में अच्छाई पर ध्यान केंद्रित करने, लोगों से प्रेम दिखाने और उन्हें भी प्रेम से संबोधन करने, शत्रुओं का स्नेहपूर्वक स्वागत करने, और आपसी रूप से सकारात्मक गुणों की खोज करने की आवश्यकता हो सकती है। अपने आज के दिन के लिए यह विश्वास करके कि आपका प्रेम आपके लिए अवसर पैदा कर सकता है, आप अपने अनुशासन की शक्ति को उपयोग करके अपने सपनों को वास्तविकता में बदल सकते हैं। आपका स्वयं पर और अपनी क्षमताओं पर अविचलित विश्वास सफलता प्राप्त करने की कुंजी है।

- ## पराक्रमी बनकर सफलता की ओर प्रयास करना

आपके इच्छाएं क्या हैं? एक अवसरशून्य स्थिति से शुरुआत करने या रास्ते में अड़चनों का सामना करने में शर्म की कोई बात नहीं है। शर्म की कोई बात तभी है जब हम अपनी परिस्थितियों में सुधार की कोशिश नहीं करने लेकिन एक बेहतर भविष्य के लिए सपने देखने में होती है। क्या आपने कभी सोचा है कि सफल लोग, जैसे कि प्रसिद्ध व्यक्तियों, अपनी स्थिति कैसे प्राप्त करते हैं?क्या यह भाग्य, जननी, या सहायक परिवार के कारण था?या क्या उन्होंने अपने लक्ष्यों को प्राप्त करने के लिए योजना बनाई और समर्पित किया था?

मुख्य विचारणीय बिन्दु:

1. **दृढ़ता और सकारात्मक सोच:** अपने आप पर विश्वास करना और लक्ष्यों की एकाग्रता से अनुसरण करना सफलता के लिए महत्वपूर्ण है। आसानी से हार मत मानना और स्वयं से कहना जारी रखना कि अपने अभिलाषाओं को पूरा करने का तरीका है।

2. **कल्पनाओं पर गम्भीरतापूर्वक विचार करना और आलोचनाओं पर निराश न होना:** कल्पना ज्ञान से अधिक महत्वपूर्ण है, और असफलताएं वास्तविक ज्ञान की ओर ले जा

सकती है। प्रगति उन लोगों द्वारा द्विगुणित होती है जो सोचने में हिम्मत करते हैं और अपने सपनों का अनुसरणकरते हैं।

3. **प्रत्येक ईंट पर ईंट रखकर सफलता के लिए प्रयास करनाः** सफलता एक यात्रा है जिसमें लगातार प्रयास की आवश्यकता है। रोजाना लक्ष्य तय करें, हर दिन कुछ नया सीखें, और अपनी उपलब्धियों/असफलताओं की समीक्षा करें ताकि प्रेरित रहें और सुधार कर सकें।

4. **उद्देश्यों को परिभाषित करें और रणनीति विकसित करें:** जीवन में समग्र सुधार को प्राप्त करने के लिए,स्पष्ट उद्देश्यों को परिभाषित करें और एक लक्ष्याधीन रणनीति विकसित करें।

5. **नकारात्मक सोच छोड़ें और असफलताओं के कारणों का अध्ययन करें:** असफलता से डरने की ज़रूरत नहीं है; इसे एक सीखने का मौक़ा बनाएं। नकारात्मक सोच को परास्त करें और सीखने और विकास पर ध्यान केंद्रित करें।

6. **कल्पना की शक्ति का उपयोग करें:** आपकी कल्पना आपके अभिलाषाओं को आकार देती है, और इसे पूरी तरह से ग्रहण करने से आपकी संभावनाएँ खुलती हैं।

7. **उत्साह एवं सक्रियताः** अपने सपनों को साकार करने के लिए उनका निरंतर अनुसरण करें और लक्ष्यों को प्राप्त करने के लिए सक्रिय रहें।

8. **परिचय और विश्वास को बढ़ावा देनाः** अपने सपनों को साकार करने के लिए समान प्रवृत्ति के लोगों के साथ परिचय और विश्वास के संबंध स्थापित करें।

9. **समय प्रबंधन और सकारात्मक संबंध:** समय का सकारात्मक

रूप से उपयोग करें और सकारात्मक संबंधों का सदुपयोग करें।

10. **आशावाद और सकारात्मक रवैया:** आशावाद को पोषित करें और सकारात्मक रवैया बनाए रखें ताकि सफलता आकर्षित हो सके और मजबूत संबंध बनाएं।

11. **कारण और परिणाम पर विश्वास करें:** मज़बूत व्यक्ति अपने लक्ष्यों पर अपने कार्यों के प्रभाव को पहचानते हैं और भाग्य और परिस्थितियों पर नहीं, कारण और परिणाम पर विश्वास करते हैं।

12. **विजय और पराजय को समभाव आदर देना:** विजय और पराजय से सीखें, और अपने सपनों का अनुसरण करना न छोड़ें। लक्ष्यों की प्राप्ति के लिए समर्पण और दृढ़ निश्चय महत्वपूर्ण हैं।

निष्कर्ष:

सपनों को साकार करने के लिए आत्म-विश्वास, चुनौतियों के सामने सहनशीलता, लगातार सीखने की उत्कंठा और नए समाधानों के लिए खुली मानसिकता महत्वपूर्ण हैं। कल्पनाएं ज्ञान और दूसरों के साथ वास्तविक संबंध को गति देती हैं। लगातार परिश्रम के साथ सफलता की दिशा में प्रयास करना और अपनी सुप्त क्षमताओं को चुनौती देते हुए कदम उठाना, सपनों को वास्तविकता में बदलने की महत्वपूर्ण कदम हैं। लेकिन इनके लिए हमें अपने वित्त संसाधनों पर भी ध्यान देना होगा। उनके लिए कैसे रणनीतियाँ बनाएं पर विचार हम अगले अध्याय में करेंगे।

“हार मत मानो। आज मुश्किल है, कल और खराब होगा, पर
परसों सूर्य किरणों से भरा होगा।“
- जैक मा“

4

वित्तीय समृद्धि के लिए रणनीतियाँ

"यदि आपका जीवन अरोचक हो गया है, आप हर सुबह उत्साह से उठने की इच्छा से वंचित है. तो आपके पास पर्याप्त लक्ष्य नहीं हैं।" - लू होल्ट्ज़

एक समय की बात है, राजपुर नामक एक शहर में अशोक नामक एक युवक रहता था। वह एक समृद्ध व्यापारी के एकमात्र संतान था और उसे इस समृद्धि से भरी ज़िंदगी जीने की आदत हो गई थी जिसमें उसे मेहनत करने की ज़रूरत नहीं पड़ती थी। उसके पिता श्री राजेश ने एक सफल साम्राज्य बनाया था और अशोक को सभी सुविधाएं प्रदान करते थे जिन्हें कोई भी धनाढ्य मनुष्य ही सोच सकता था।

अशोक बदलते समय में अनुभव करने लगा कि उसे जो सुविधाऐं परिवार में मिली हैं वे उसके द्वारा कमाई नहीं गयीं हैं। उसके अंदर एक खालीपन की भावना थी। उसको आत्मसम्मान के लिए एक आधार की तलाश थी जो धन की किसी भी मात्रा से नहीं मिल पा रहा था। दूसरों के लिए उसकी जीवनशैली आकर्षक भले ही हो लेकिन वह स्वयं असंन्तुष्ट रहता था।

एक दिन प्रसिद्ध उद्यमी श्री नारायन दास सिंहल स्थानीय विश्वविद्यालय में प्रेरणादायक उद्बोधन के लिए राजपुर आए। विषय में रुचि रखने वाले अशोक ने निर्णय किया कि वह उद्बोधन को सुनने के लिए जाएगा। श्री सिंहल का उद्बोधन वास्तव में प्रेरणादायक रहा और अशोक उस उद्बोधन से प्रभावित हुआ और अपने अंदर एक चिंगारी को प्रज्वलित किया।

अशोक ने उद्बोधन के बाद श्री सिंहल के पास जाकर मार्गदर्शन माँगा। श्री सिंहल ने उसे सलाह दी कि वह अपने व्यक्तिगत दुःख को पहचाने और सामग्री वस्तुओं से परे पूर्णता की तलाश करे। उन्होंने अशोक को यह समझाया कि वह व्यक्तिगत लक्ष्य निर्धारित करे और उन्हें प्राप्त करने के लिए मेहनत से काम करे।

अशोक को पता था कि वह अपने पिता की सम्पत्ति से अलग एक नई शुरुआत करनी होगी ताकि वह अपनी असली संभावनाओं को खोज सके। उसने घर छोड़ दिया और शहर के मध्य में एक छोटा सा अपार्टमेंट ले लिया। घर का खर्चा चलाने के लिए उसने अपने लिए एक सामान्य नौकरी ली। यात्रा कठिन थी, लेकिन उसने दुनिया पर अपनी ख्याति बढ़ाने का निश्चय किया था।

दिन का समय बिताने के दौरान, कैफे में अशोक ने व्यक्तिगत विकास और उद्यमिता पर पुस्तकें पढ़ने की आदत डाली। उसे महसूस हुआ कि ज्ञान सफलता का चाबी है। उसने मेहनत के द्वारा सलाह का मूल्यांकन किया और उसे अपनी पथ पर मार्गदर्शन करने के लिए सही स्त्रोतों को पहचाना।

जब वह अपने सपनों का अनुसरण कर रहा था, तो उसे उन दोस्तों और परिवारिक सदस्यों जो उसके पारिवारिक धन एवं सुखसुविधाओं को त्यागने के निर्णय को समझ नहीं पाए, से अनगिनत कटाक्ष मिले। लेकिन वह दृढ़ रहा जो उसके मार्ग में आए अवसरों का उपयोग करता रहा।

धीरे-धीरे प्रगति के साथ अशोक ने अपने मेहनत के फल को देखना शुरू किया। छोटी-छोटी सफलताओं ने उसके उत्साह और सहनशीलता में वृद्धि की। समय के अंतराल में उसने व्यावसायिक विकास के लिए एक स्व-मूल्यांकन प्रणाली बनाई। उसने अपने गलतियों से सीखा, निरर्थक आलोचना को छोड़ दिया और अपनी ध्यान केंद्रित करके निरंतर सुधार पर ध्यान दिया।

जैसे ही उसने अपने मनस्थिति परखा तब उसने पाया कि उसके अपने भीतर एक नए साहस है। उसे इसका पहले कभी नहीं पता था। उसने अनमोल धन की बजाय एक सपने को प्राथमिकता दी जिसने उसके जीवन को अर्थ और उद्देश्य दिया।

अपनी यात्रा के दुख-सुखों के माध्यम से अशोक ने अपनी आंतरिक क्षमता को पहचाना और बाहर आने दिया। अब उसने सफलता को न केवल मौद्रिक धन के रुप में पाया बल्कि उसने यह महसूस किया कि उसने अपनी प्रगति को मेहनत और संयम से हासिल किया है।

अशोक की बदली जीवन शैली की खबर जल्द ही फैली और वह दूसरों के लिए प्रेरणा बन गया। उसकी कहानी लोगों को प्रोत्साहित करती थी कि वे सकारात्मक दृष्टिकोण के साथ अवसरों को ग्रहण करें और यह स्वीकारें कि सच्ची सफलता अपरिग्रहीत धन से नहीं बल्कि भीतर से आती है।

आखिरकार अशोक की कहानी ने साहस और सहनशीलता की शक्ति को याद दिलाया और दुनिया को दिखाया कि कोई भी उसकी जैसी पृष्ठभूमि से भले ही हो, मेहनत, आत्मविश्वास और सपनों को पाने के लिए साहस के माध्यम से महानता को प्राप्त कर सकता है।

अब हम वित्तीय समृद्धि के लिए रणनीतियाँ अपनाने वाले अशोक की कार्यशैली के विभिन्न तत्वों का विश्लेषण करते हैं-

• अनार्जित धन के खतरे

वे लोग जो किसी समृद्ध परिवार में पैदा होते हैं या प्रायः सुविधाओं में जीवन-यापन करते हैं, उन्हें अक्सर "चांदी का चम्मच मुंह में" वाले के रूप में संदर्भित किया जाता है लेकिन शोध दिखाता है कि अनार्जित धन उनके नक़ारात्मक धन प्रबंधन और ज़िम्मेदारी की कमी का कारण बन सकता है। यहां तक कि लॉटरी जीतने वाले लोग भी अक्सर खराब वित्तीय आदतों के कारण अपने जीते हुए धन को खो देते हैं। चाहे आपकी वित्तीय स्थिति कुछ भी हो, कड़ी मेहनत और ज़िम्मेदारी के मूल्य को सीखना महत्वपूर्ण है।

यह ध्यान देने योग्य है कि आपके लिए अपने बच्चों को जो कुछ भी वे चाहते हैं, वह सब प्रदान करना आपकी सामाजिक और वित्तीय समस्याओं का कारण बन सकता है। जिन लोगों को इसका अनुभव नहीं होता कि वे अपनी इच्छाओं के लिए काम करें,वे अपनी वित्तीय प्रबंधन में संघर्ष कर सकते हैं और अपने माता-पिता के समर्थन पर आश्रित हो सकते हैं। यह महत्वपूर्ण है कि यदि आपके पास अपने बच्चों को वित्तीय समर्थन प्रदान करने के लिए पर्याप्त साधन हैं, फिर भी बच्चों को मूल्य-आधारित शिक्षा दिया जाना जरूरी है। क्योंकि अंततः सफलता समर्पण, कठिन परिश्रम और जिम्मेदार निर्णय लेने के संयोजन से ही होती है।

- **कठिन परिश्रम और सकारात्मक दृष्टिकोण से अवसरों को ग्रहण करना।**

यह हमारे ऊपर निर्भर करता है कि हम मूल्यवान अवसरों को पहचान लें। हालांकि अवसरों के साथ एक विशेषता है कि वे अक्सर कठिन परिश्रम के रूप में छिपे हुए आते हैं। लेकिन अगर हम स्वयं पर विश्वास करें, समर्पण भाव रखेंअपने कार्यों में गर्व करें, और कभी हार न माने,तो हम सफल होंगे। सफलता की कीमत ऊँची हो सकती है,लेकिन उसके पुरस्कार भी उतने ही अधिक हैं। कुछ भी प्राप्त नहीं हो सकता जब तक उसे प्रयास नहीं किया जाता। अपने सपनों को पूरे करने के लिए हमें अपना स्तर पर सर्वोत्तम ढंग से कार्य करना होगा और उसके बदले में हमारे पास सर्वश्रेष्ठ वापस आएगा।

दूसरे शब्दों में, हमें अपने कार्य को दिल से करना चाहिए और उसे अपने दिल में सदैव रखना चाहिए। हमें हर विषय में सकारात्मक होना होगा। किसी के लिए सूरज का अस्त होना दिन के समाप्त होने का प्रतीक हो सकता है, लेकिन किसी के लिए, यह दूसरा खुशी भरी शाम के आगमन का संकेत हो सकता है। यह सब हमारे दृष्टिकोण पर निर्भर करता है कि हम विभिन्न परिस्थितियों में कैसे प्रतिक्रिया करते हैं।

- **सफलता के लिए सकारात्मक दृष्टिकोण द्वारा अवसरों को ग्रहण करना**

जीवन एक यात्रा है, और हमारा दृष्टिकोण ही उसकी मंजिल निर्धारित करता है। हमें अवसरों की पहचान करनी चाहिए, मेहनत करनी चाहिए, सकारात्मक रहना चाहिए, और स्वयं पर विश्वास करना चाहिए। यदि हम ये सब करें, तो हम सफल होंगे, और पुरुस्कार भी अधिक होगा।

अपने सपनों को पूरा करने के लिए यह महत्वपूर्ण है कि हम प्रत्येक दिन को ऐसा मानें कि यह हमारा अन्तिम दिन है। कोई भी पत्थर छेड़ना ना छोड़ें, स्वयं को पूरी तरह से व्यक्त करें, और वोह सब कुछ करें जो हमें अपने सपने पूरा करने के लिए आवश्यक है। भले ही असहज लगें,यह सोचकर कि यह हमारा

अंतिम मौका है हम पहले कदम उठाएं। इस मानसिकता को ग्रहण करने से हमारे जीवन में चमत्कारी परिवर्तन होंगे। यह याद रखना महत्वपूर्ण है कि कल आपके नियंत्रण से परे है, लेकिन आपके पास फिर भी कल को जीतने या हारने की शक्ति है। हर किसी के पास विचार होते हैं, लेकिन उनमें से वह व्यक्ति सफल होता है जो उन पर आचरण करता है। एक कामयाबी की भावना को विकसित करें, स्वयं को सक्रिय रखें और प्रगति को एक आदत बनाएं।

• व्यक्तिगत समस्या की पहचान और समाधान करना

जब भी आप अपने सपनों को पूरा करने के लिए कार्य शुरू करना चाहते है, आपको एक ऐसे क्षेत्र की पहचान करनी होगी जो आपके सामने समस्याऐं उत्पन्न कर रहा है। यह भावनात्मक, भौतिक, वित्तीय या किसी अन्य प्रकार की असहजता हो सकती है। एक ऐसी समस्या पर ध्यान केंद्रित करें जो पर्याप्त मात्रा में महत्वपूर्ण हो ताकि आप स्वयं अपने आपको उस पर कार्य करने के लिए प्रेरित कर सके। वाणिज्यिक विज्ञापनों द्वारा बनाए गए झूठे समाधानों का अनुसरण न करें। अपनी समस्या की जांच करने और इससे जुड़े खर्च, जिसमें भौतिक, भावनात्मक, मानसिक, सामाजिक, आध्यात्मिक और वित्तीय खर्च शामिल हों, के लिए समय लें। समस्या द्वारा दिए गए नुकसान का विचार करें, जिसमें एक, दो, पाँच और बीस साल का समय-सीमा शामिल हो। अपनी समस्या और इससे जुड़ी भावनाओं को महसूस करने की अनुमति दें। इसके लिए कुछ निजता और कुछ सार्वजनिक पहलुओं को समझने की आवश्यकता हो सकती है। ध्यान रखें कि इस प्रक्रिया में समय निवेश करना अपने लक्ष्यों को प्राप्त करने के लिए प्रेरणा प्राप्त करने के लिए महत्वपूर्ण है। अपनी समस्या के खर्चों को समझकर, आप उसे निपटने के लिए आवश्यक उद्यमियता का सहारा ले सकते हैं। उस समस्या को हमेशा याद रखें। ऐसा करना आपको प्रेरित करेगा और आपके अंदर उसे प्राप्त करने के लिए गहराई से समाधान खोजने को प्रेरित करेगा।

- ## व्यक्तिगत लक्ष्य निर्धारित करने का महत्व

अपने लक्ष्यों पर निर्धारित कर बुद्धिमानी से शुरुआत करके आप अपने सपनों को पूरा कर सकते हैं। आपके लिए क्या लक्ष्य हों को निर्धारित करने की अनुमति किसी दूसरे को न दीजिए। यह महत्वपूर्ण है कि आप वे लक्ष्य निर्धारित करें जो आपकी वास्तविक आवश्यकताओं और इच्छाओं पर आधारित हों। इसमें यह निर्धारित करना भी शामिल होता है कि आप वास्तव में क्या चाहते हैं और उसे पूरा करने के लिए प्रयास करने को प्रतिबद्ध रहें। जैसे ही आप अपने लक्ष्यों की दिशा में काम करने लगेंगे, आप बेहतर परिणामों को देखने लगेंगे और स्वयं को अपने लक्ष्यों की ओर और अधिक प्रेरित महसूस करेंगे । जागरूकता से लक्ष्य निर्धारित कर आप अपनी शर्तों पर सफलता हासिल करने के लिए बेहतर तैयार होंगे। अपनी महत्वाकांक्षाओं या लक्ष्यों को केवल निर्धारित करना ही काफी नहीं है। बल्कि आपको अपने लक्ष्यों पर लगातार पुनर्विचार करने की भी आवश्यकता है ताकि आप अपनी रणनीतियों में आवश्यक समायोजन कर सकें।

- ## ज्ञान और कार्रवाई

वे लोग जिनके पास जानकारी है कि कहाँ जाना है,क्या करना है,और कैसे करना है,वे ही व्यक्ति अपने सपने सफलतापूर्वक प्राप्त करते हैं। यदि आपके पास भी ऐसी आकांक्षाएं हैं जिन्हें आप पूरा करना चाहते हैं,तो उन्हें स्पष्ट रूप से परिभाषित करना, उन्हें लागू करने के लिए एक व्यवहार्य रणनीति विकसित करना,और फिर तदनुसार कार्रवाई करना महत्वपूर्ण है।

अपने सपनों को प्राप्त करने में सफलता तभी मिल सकती है जब आपको कहां जाना है,क्या करना है,और इसे कैसे करना है की गहरी समझ हो। उनको प्राप्त करने के लिएए पहले उन्हें स्पष्ट रूप से परिभाषित करना महत्वपूर्ण है,फिर उन्हें लागू करने के लिए एक व्यावहारिक रणनीति बनाना और अंत में तदनुसार कार्रवाई करना।

- **अन्य पक्ष से प्राप्त सलाह पर विचार करना और सही स्त्रोतों का पता लगाना**

ज्ञानी व्यक्तियों से सलाह सुनना बुद्धिमानी है,लेकिन उन लोगों से सलाह लेने के बारे में सतर्क रहनाहोगा, जो संबंधित क्षेत्र में विशेषज्ञता से वंचित हैं। ऐसे व्यक्तियों के पास आपके व्यक्तिगत लक्ष्यों के संदर्भ में सलाह देने के लिए शायद सबसे उत्तम स्रोत न हों। इसलिए, आपको प्राप्त सलाह का मूल्यांकन करना और उसके प्रभावपर गम्भीरतापूर्वक विचार करना भी महत्वपूर्ण है। अपने लक्ष्यों को प्राप्त करने के लिए सबसे सहायक जानकारी और प्रतिक्रिया कहाँ प्राप्त कर सकते हैं? यह वह सवाल है जिसे आपको स्वयं से पूछना होगा। अपने सपनों को पूरा करने के लिए, संबंधित स्त्रोतों से सलाह लें, महत्वपूर्ण निर्णय लेने से पहले सभी विकल्पों का अध्ययन करें, सलाह का मूल्यांकन करने की आपकी क्षमता पर भरोसा करें, मजबूत आत्मविश्वास बनाए रखें, और स्वयं को यह स्पष्ट करें जिन क्षेत्रों में सुधार की आवश्यकता है।

- **क्रमागत प्रगति के माध्यम से सफलता का अनुसरण करना**

अपनी महत्वाकांक्षाओं का अनुसरण करना और सफलता की दृढ़ इच्छा रखना महत्वपूर्ण है। सफलता प्राप्त करना एक कठिन अवधारणा नहीं है। हालांकि, अनेक लोग यह कोशिश करते हैं कि उनकी असफलताओं के स्पष्टीकरण उनकी कमजोरियों को छिपाने और खराब फैसलों को सही सिद्ध करने में सहायक हों। वास्तविकता में किसी भी अच्छी योजना के तहत सफलता प्राप्त करना कठिन नहीं है। जो भी आपके सपने हैं, वह आपके हाथों की रेखा में हैं। जब उन्हें आप छोटे-छोटे कार्यों में विभाजित करते हैं और एक-एक कदम उठाते हैं। तब प्रत्येक सही दिशा में कदम बढ़ाते हुए आप अपने लक्ष्य के करीब पहुंचेंगे। प्रगति करने के लिए एक समय में अपने जीवन के एक क्षेत्र पर ध्यान केंद्रित करें, सरल कार्यों से शुरुआत करके और फिर जटिल कार्यों पर आगे बढ़ें। यह मानें कि आप सब कुछ जल्दी जल्दी सीख लेते हैं और अभ्यास के साथ कुछ भी सीख सकते हैं। ध्यान रखें कि निपुणता प्राप्त करने वाला और उसे कार्यान्वित करने वाले आप एक ही हैं।

नीचे कुछ उदाहरण हैं जो अच्छी इच्छाएं रखने के साथ-साथ नकारात्मक और महंगे परिणामों को ले जा सकते हैं-

1-शेयर बाजार एक साल से स्थिर रूप से बढ़ रहा है, इसलिए आप इसमें निवेश करने का विचार कर सकते हैं।
2-मैं वजन कम करने के लिए एमआर एक्सवाईजेड के वजन घटाने की गोलियां ले रहा हूँ और सफलतापूर्वक 13 पाउंड वजन घटा लिया है। इन्हें एक डॉक्टर ने निर्धारित किया था, इसलिए आप इन्हें भी आजमा सकते हैं।
3-मोटापे से आप परेशान न हों, आप अमुक पेय का इस्तेमाल कर सकते हैं।
4-लोग अक्सर सवाल करते हैं कि शाकाहारी भोजन खाने से, मांस न खाने पर पर्याप्त प्रोटीन कैसे मिलता है।

• अनचाही समीक्षा

अनचाही समीक्षा मिलने की चुनौती यह है कि इसे अक्सर सकारात्मक इरादे के बिना प्रस्तुत किया जाता है। आपको मददकारी सलाह "हाल ही में मैंने पढ़ा है कि रोजाना सिर्फ 20-30 मिनट के लिए चलना वजन घटाने में मदद कर सकता है।", "क्या आप इसे आजमाने का विचार किया है?", "केवल स्वेटपैंट पहनकर सोने वाले किसी से "तुम मोटे हो। तुम्हें व्यायाम शुरू करना चाहिए" जैसी नकारात्मक टिप्पणियां सुनने की संभावना अधिक होती हैं।

• सपने पूरे करने के लिए सार्थक संभावनाओं को पता करना और तदानुसार आदतें बनाना

अपने सपनों को पूरा करने की प्रक्रिया में आने वाली कठिनाईयों की भी संभावनाओं को ध्यान में रखें। कुछ लोग जल्दी सफलता प्राप्त कर सकते हैं, जबकि दूसरों को संघर्ष करना पड़ सकता है। लेकिन नाउम्मीद होने की जरूरत नहीं है क्योंकि वर्तमान भविष्य नहीं है। नए विचारों और तर्कों के लिए खुले रहें। इस प्रेरणा के साथ सफलता की यात्रा को आरम्भ करें।

- ## एक व्यावसायिक विकास के लिए स्व-मूल्यांकन प्रणाली

जब मैं पिछले कुछ समय में कठिनाइयों का सामना कर रहा था, तो मैंने विभिन्न स्त्रोतों से कई सलाहें प्राप्त की। हालांकि, ज्यादातर लोग जो मुझे सलाह दे रहे थे, सम्बन्धित क्षेत्र में विशेषज्ञ नहीं थे। फिर भी, इसके बावजूद, मैंने ध्यान से उनके सुझावों का अध्ययन किया और उन्हें विश्लेषित किया। पुस्तकें पढ़ने, टेप्स सुनने, और सेमिनारों में भाग लेने के साथ-साथ मैंने एक मूल्यांकन प्रणाली स्थापित की जो मेरे प्रदर्शन को दैनिक रूप से सटीक मापने में मदद करती थी। इस प्रणाली ने मुझे मेरी प्रगति को पूरी तरह आश्वस्त किया है।

मैंने विभिन्न कारकों का उपयोग करके अपने दैनिक प्रदर्शन का मूल्यांकन किया, जैसे कॉल की संख्या, संचार शैली, सहानुभूति, और मूल्य सृजन। हर कदम के बाद, मैंने ईमानदारी से अपने-आप को बढ़ाया। इससे मुझे यह पहचानने में मदद मिली कि किन क्षेत्रों में मुझे सुधार की आवश्यकता है। जब लोग मुझसे पूछते कि मैंने इतनी जल्दी कैसे सुधार किया, तो मैंने अपनी सरल लेकिन प्रभावी विधि साझा की। उनमें से अधिकांश ने इस दृष्टिकोण को अपनाया।

- ## सफलता के लिए मानसिक शक्ति का अनुकूलन करना।

अपने सपनों को पूरा करने के लिएए यह जानना अत्यंत आवश्यक है कि सफलता आमतौर पर बाहरी कारकों से नहीं, बल्कि आपकी माइंडसेट से आती है। बहुत से लोग अक्सर अपनी परिस्थितियों को अपनी स्थिति के लिए दोषी ठहराते हैं, लेकिन दृढ़तापूर्वक मेरा विश्वास है कि परिस्थितियां एक व्यक्ति की सफलता का निर्धारण नहीं करतीं। जीवन में उन व्यक्तियों को सफलता मिलती है जो अवसरों की तलाश करने के लिए पहल करते हैं। और यदि वे उन्हें नहीं मिलते हैं, तो उन्हें स्वयं को सृजित करते हैं।

• सपनों का दबाव और सहनशीलता

मैं कह रहा हूं कि सबने लाखों डॉलर बना लिए हों या अपने व्यवसाय के मालिक हों, लेकिन मैं कह रहा हूं कि सफल होने के लिए केवल इतना ही काफी है कि वे अपने लक्ष्यों पर ध्यान देने में सक्षम हों और अपने लक्ष्य को पूरा करने के लिए सहनशीलता रखें!

सपनों को, जब स्वस्थ और संतुलित तरीके से पोषित किये जाते हैं, एक स्पष्ट और आकर्षक उत्साह के साथ, जीवन को व्यवस्थित करते हैं। आपकी सहनशीलता विपरीत स्थितियों और बाधाओं के बीच एक सेतु बन अटल संकल्पना और सहिष्णुता को आत्मसात करती है।

• अपनी आंतरिक क्षमता का विकास करना और आत्मविश्वास एवं साहस को पोषित करना

अपने सपनों को पूरा करने के लिए, आपको बाहरी स्त्रोतों पर निर्भर करने की बजाय आत्मविश्वास और साहस होना आवश्यक है। हर किसी के पास सपने होते हैं लेकिन हर कोई उन्हें पूरा करने के लिए एक समान स्तर के प्रयास या ईमानदारी नहीं करता। जबकि हम सभी के पास प्रतिभा होती है, लेकिन हर कोई उन्हें अपनी पूरी क्षमता से उपयोग नहीं करता। अपनी प्रतिभा का उपयोग करना एक उपहार है जो आप स्वयं को देते हैं, जैसे कि वे भगवान के द्वारा एक उपहार थे। प्रत्येक व्यक्ति के पास अद्भुत क्षमता होती है, और स्वयं को और अपनी क्षमताओं पर विश्वास करना महत्वपूर्ण है। सफल होने के लिए यह जरुरी है कि आप अपना आत्मवलोकन करते रहें और अपनी प्रतिभाओं का विकास करते रहें।

• सपनों को साकार करने का महत्व

यह बहुत महत्वपूर्ण है कि आप किसी पर विश्वास कीजिए, आप किसी आशा से जुड़िए, किसी लक्ष्य को प्राप्त करने के लिए प्रयास करें और किसी सुर में गायन करें। अपने मूल्यों के साथ सुसंगत अवसरों की पहचान करके, हम

अपने लक्ष्यों की प्राप्ति की ओर स्वाभाविक रूप से बढ़ सकते हैं। हम सभी के पास ऐसे क्षेत्र हैं जिनमें हम दूसरों से अधिक उत्साही महसूस करते हैं, और इन क्षेत्रों पर ध्यान केंद्रित करके, हम आसानी से सफलता प्राप्त कर सकते हैं।

आप अपने सपनों को कभी न छोड़ें क्योंकि वे हमें उड़ने के लिए प्रोत्साहित करने वाले पंख होते हैं। अगर हम अपने सपनों पर ध्यान नहीं देते हैं तो जीवन एक टूटे हुए पंख वाले पक्षी की तरह बन जाता है जो उड़ नहीं सकता। अपने सपनों का ध्यान रखें और उन्हें नई ऊंचाइयों तक जाने दें।

• सकारात्मक समीक्षा का महत्व

किसी विश्व रिकॉर्डधारी व्यक्ति के मूल्यवान विचार साझा करने के बावजूद लोग अपने अक्षम सहयोगियों की सुनते हैं। जो लोग अक्सर अपनी आलोचना से बचते हैं उनके लिए मेरे पास दो छोटे सुझाव हैं:

1. अनचाहे सलाह लेने-देने से बचें, क्योंकि लोग उन्हें इस्तेमाल नहीं करेंगे और सुनने में उन्हें थकान हो सकती है। इसके बजाय कोशिश करें कि आप एक सुनने वाला श्रोता या समर्थक बनें क्योंकि अक्सर लोग बातचीत करके वे उत्तर खोज सकते हैं। स्वयं को बदलना पहले से ही मुश्किल होता है, इसलिए दूसरों को बदलने का प्रयास करना इससे भी अधिक कठिन होता है।

2. निंदकों पर ध्यान न दें और उन्हें अपने मनोभाव या आत्मविश्वास पर असर न करने दें। यदि कोई व्यक्ति आपको नकारात्मक प्रतिक्रिया देता है और आप मानसिक रूप से अशक्त महसूस करने लगते हैंए तो स्वयं को याद दिलाएं कि आप अपने आत्मसम्मान और आत्मविश्वास के नियंत्रण में हैं।

महत्वपूर्ण विचारणीय बिन्दु

1. **अनार्जित धन के खतरे:** अनार्जित धन प्रबंधन और जिम्मेदारी की कमी की ओर ले जा सकता है। वित्तीय पृष्ठभूमि से अनभिज्ञ होने पर कड़ी मेहनत और जिम्मेदारी के मूल्य को समझना महत्वपूर्ण है।

2. **कठिनाइयों का मुकाबला करते हुए और सकारात्मक दृष्टिकोण के माध्यम से अवसरों को ग्रहण करना:** अवसरों की पहचान करने के लिए अक्सर कठिन मेहनत और समर्पण की आवश्यकता होती है। अपने काम में सकारात्मक रहते हुए प्रयास करके हम अपने सफलता के अवसर बढ़ाते हैं।

3. **सकारात्मक दृष्टिकोण के साथ अवसरों को ग्रहण करना ही सफलता का मार्ग है।** : जीवन एक यात्रा है, और हमारा व्यवहार और दृष्टिकोण परिणाम को आकार देते हैं। हर दिन एक कदम उठाएं और सफलता प्राप्त करने के लिए सकारात्मक मानसिकता बनाए रखें।

4. **व्यक्तिगत समस्या की पहचान और समाधान करना:** तकलीफ पहुंचाने वाले क्षेत्रों की पहचान करें, उनसे जुड़े वित्तीय और समय के विनियोग को समझें, और उस प्रेरणा का उपयोग करें जो व्यक्तिगत लक्ष्यों को प्राप्त करने में सहायक साबित हो।

5. **व्यक्तिगत लक्ष्यों के निर्धारण का महत्व:** आवश्यकताओं और इच्छाओं पर आधारित लक्ष्य निर्धारित करें, और उन्हें प्राप्त करने के लिए प्रयास करने को समर्पित रहें।

6. **ज्ञान और क्रिया:** सफलता के लिए स्पष्ट परिभाषाएँ, व्यावहारिक रणनीतियाँ, और विश्वास को पूरा करने के लिए कार्यवाही की आवश्यकता होती है।

7. **सही सलाह का मूल्यांकन करना और स्त्रोतों का पता लगानाः** अनभिज्ञ स्रोतों से सावधान रहें, उचित और ज्ञानी व्यक्तियों से सलाह लें, और मजबूत आत्मसम्मान बनाए रखें।

8. **अनपेक्षित समीक्षाः** अनपेक्षित समीक्षा से सतर्क रहें, क्योंकि यह सकारात्मक नहीं हो सकती और उसके नकारात्मक परिणाम हो सकते हैं।

9. **नये अवसर खोजना और अभ्यास बनानाः** नई विचारों के लिए खुले रहें, आदतों पर काम करें, और कठिन समयों में भी अवसरों को ग्रहण करें।

10. **क्रमिक प्रगति के माध्यम से सपनों का अनुसरण करनाः** बड़े लक्ष्यों को छोटे-छोटे चरणों में विभाजित करके उन पर कार्य करके सफलता प्राप्त होती है।

11. **स्व-मूल्यांकन प्रणाली का विकास करनाः** सुधार के लिए एक मूल्यांकन प्रणाली विकसित करें और प्रगति करें।

12. **सफलता का रहस्यः** सफलता अवसरों को खोजने और सृजन करने के लिए पहल करने और सही मानसिकता से आती है।

13. **सपनों की दृढ़ता की शक्तिः** स्पष्ट लक्ष्य निर्धारण करना और उनके लिए दृढ़ता बनाये रखना सफलता प्राप्त करने की कुंजी है।

14. **अपने आंतरिक क्षमता को मथनाः** आत्मविश्वास रखें, अपने प्रतिभा का उपयोग करें, और स्पष्ट लक्ष्य निर्धारित करें।

15. **सपनों को संजोने का महत्वः** किसी सपने को संजोना और उसका जुनून से अनुसरण करना सफलता की ओर ले जा सकता है।

16. **रचनात्मक समीक्षा का महत्व:** रचनात्मक समीक्षा को स्वीकार करें और अनचाही सलाह से बचें। समीक्षा करने और आत्मविश्वास और आत्मनिर्भरता बनाए रखें।

17. **अपने वित्तीय लेनदेनों को लिपिबद्ध करना:** अपने समस्त वित्तिय लेने-देनों को दिनांक एवं उद्देश्य के साथ लिपिबद्ध करना चाहिए ताकि भविष्य के लिए संदर्भ का कार्य कर सकें।

निष्कर्ष:

वित्तीय समृद्धि और व्यक्तिगत विकास की परिप्रेक्ष्य में यह स्पष्ट होता है कि सफलता केवल बाहरी परिस्थितियों द्वारा निर्धारित नहीं होती, बल्कि हमारी मानसिकताएं पहल और सतत् परिश्रम द्वारा निर्धारित होती जबकि अनार्जित धन खराब प्रबंधन के कारण नष्ट हो सकता है। सफलता का वास्तविक मार्ग मेहनत, जिम्मेदारी, और सकारात्मक दृष्टिकोण में ही निहित है। लक्ष्य के प्रति समर्पित भाव से कार्य करने से आप आपदा में भी अवसर ढूंढ सकते हैं। आपके अडिग संकल्प और अवसरों की सकारात्मक समीक्षा सुधार के लिए एक मूल्यवान उपकरण हो सकते हैं। यहाँ यह उल्लेखनीय है कि सभी प्रश्नों पर बिना किसी नकारात्मकता के विचार किया जाए।

सफलता एक दुर्लभ अवधारणा नहीं है; यह उत्साह, सहनशीलता और अपनी स्वयं की क्षमता में अविचलित विश्वास के साथ मिल सकती है। अपने सपनों को अपनी क्षमताओं और सकारात्मक मानसिकता के साथ पोषित कर व्यक्तिगत औरवित्तीय सफलता प्राप्त कर सकते हैं। इस प्रक्रिया में हमें अपने आसपास के वातावरण एवं परिस्थितियों को स्वीकार करना होगा। यह स्वीकृति किस प्रकार बेहतर हो सकती है, पर हम अगले अध्याय में विचार करेंगे।

"जब तक हम कोई कार्य न करें, वह हमेशा असंभव लगता है।
– नेल्सन मंडेला

5

स्वीकार्यता बेहतर संभावनाएं खोलती है

"अपने स्वयं के अन्तर्दृष्टि की शक्ति को कभी कम न करने की कोशिश करें।" - बारबरा कोर्कोरन

पहाड़ों से घिरे एक गांव में अपने माता-पिता की इकलौती सन्तान आशा ने दिन भर अपनी उम्र के बच्चों के साथ खेलती-कूदती अपना बचपन बिताया। जैसे ही वह यौवनावस्था में आई उसे लगा कि वह किसी बाह्याकारी के साथ है। उसे अपने अस्तित्व पर ही संदेह लगता था क्योंकि उसके माता-पिता बहुत अधिक प्यार करते थे और उसकी हर क्रिया-प्रतिक्रिया पर ध्यान रखते थे। इस कारण भी वह अपने आप को दूसरों की तुलना में अपूर्ण महसूस करती थी। लेकिन उसको यह ज्ञात न था कि उसकी आत्म-स्वीकृति और प्रेम की यात्रा अब खुलने वाली थी, जिससे गाँव के बहुत से लोगों की जिंदगियों को छू जाएगी।

एक दुपहर, जब आशा शिक्षा पूरी हो जाने के बाद अपने कमरे में बैठी अपने जीवनचर्या पर विचार कर रही थी तो उसे लगा कि उसका जीवन एक समयसारणी में बदल गया है। सुबह उठना, नित्यकर्म कर नहाना, नाश्ता करना, कुछ देर सहेलियों से गप्प मारना, दोपहर का खाना, फिर थोड़ी देर के लिए पसर जाना, फिर चाय, फिर टीवी, रात का खाना और सो जाना। अगले दिन फिर वही कार्यक्रम। कुछ ऊब सी हो रही थी कि वह पड़ौस में रहते एक वृद्ध व्यक्ति विमल बाबू से मिली। विमल बाबू गांव के विद्यालय से प्रधानाचार्य पद से सेवा निवृत्त थे और अपनी बुद्धिमता और दयालु हृदय के लिए जाने जाते थे।

आशा के आंतरिक संघर्ष को महसूस करके, उन्होंने उसे एक कहानी सुनाई, जिसमें एक रहस्यमय व्यक्ति के बारे में बताया गया कि वह अपनी शक्ति से सपनों को पूरा कर सकते हैं। हालांकि, एक शर्त थी- सपना साकार करने से पहले स्वयं को स्वीकार करना होगा और अटल संयम के साथ कार्य करना होगा।

कहानी से आकर्षित होकर, आशा ने इस रहस्यमय व्यक्ति को ढूंढना आरंभ किया। उसने विभिन्न चुनौतियों का सामना किया और विभिन्न जीवन अनुभवों वाले लोगों से मिली। उसने जाना कि हर किसी की यात्रा अद्भुत होती है,जिसमें सुख और दुख दोनों होते हैं। इस ज्ञान ने अनुभवों की विशालता को

खोल दिया और उसे अहसास हुआ कि जीवन संघर्ष में वह अकेली नहीं है। इसी दौरान उसकी मुलाकात एक बुद्धिमती ऋषिमाता मधु से मिली। मधु ने बताया कि उसके विचार ही उसकी वास्तविकता को आकार दे रहे हैं। सकारात्मकता को अपनाने से वह बेहतर संभावनाएं आकर्षित कर सकती है। व्यक्तिगत विकास संभव है तभी जब वे स्वयं को क्षमा करना सीखते हैं और एक दयालु हृदय के साथ आगे बढ़ते हैं।

नई उत्साह से युक्त, आशा ने अपने भय और चुनौतियों का सामना किया और मनुस्तिथि और दयालु भावना के महत्व को समझा। इस प्रकार धीरे-धीरे अपने आत्मसंदेह को पार करते हुए और अपनी असली क्षमता को पहचान सकी। उसने देखा कि कुछ लोग जो यह मानते थे कि वे कुछ भी बिना बदले बिना बच जाएंगे, अंतत् बुरे परिणामों में फंस गये।

आत्मावलोकन के दौरान आशा को प्राप्त अनुभव अनेक भावनाओं की शक्ति से जुड़ गये थे। उसे प्रेम की गहराई और महत्व का अहसास हुआ। उसे यह विश्वास हुआ कि बड़े-बड़े दुख के सामने भी प्रेम घावों को भर सकता है और लोगों के बीच की खाईयों को पुल बना सकता है।

विभिन्न लोगों से मुलाकात के बाद आशा ने महसूस किया कि चूंकि वह अंतर्मुखी हो गयी थी इसलिए उसमें आत्म-संदेह उत्पन्न हो गया था। उसे यह ज्ञात हो गया कि कोई भी रहस्यमय व्यक्ति नहीं है बल्कि यह वह स्वयं थी जिसने अपने आप को बन्द किया हुआ था। उसे समझ में आया कि वास्तविक स्वीकृति अंदर से आती है और बिना आत्मस्वीकृति और मज़बूत संयम के कोई बाह्य वस्तु उसकी इच्छाएं पूरी नहीं कर सकती।

सब स्पष्ट हो जाने के बाद आशा ने तय किया कि वह इस अनुभव से प्राप्त शक्ति का शांतिपूर्ण और प्रेम भरा उपयोग अपने गांव के लिए करेगी। जैसे ही लोगों ने स्वयं को स्वीकार करना और एक.दूसरे को निष्काम प्रेम से मिलना सीखा, वे सब स्वीकारने और प्रेम के महत्व का आनंद लेते हुए खुशहाली से जीने लगे।

आशा की निःस्वार्थ कार्यशैली ने बहुत से लोगों के दिलों को छू लिया। समय बीतने के साथ-साथ, आशा दूसरों के लिए प्रेरणा बन गई। उसके अनुभव ने संघर्ष की मूल्यों को सीखा और सफलता के रहस्यों को समझाया। उसके कार्यों के माध्यम से, उसने साबित किया कि वास्तविक सुख और पूर्णता उसमें ही मिलती है जब वह अपने आप को ग्रहण करता है दूसरों को स्वीकार करता है और जहां संभव हो, प्रेम फैलाता है। आशा के प्रयत्नों का अध्ययन करने से हम निम्न कारकों की विशेष भूमिका का आभास मिलता है।

- ## आत्म-स्वीकार्यता

आत्म-स्वीकार्यता एक संतुष्ट जीवन का मूल मंत्र है। हम केवल तभी सच्ची खुशियाँ प्राप्त कर सकते हैं जब हम स्वयं को उसी तरह स्वीकार कर लेते हैं जैसे हम हैंए चाहे हम कुछ भी कर रहे हों। आत्म-स्वीकार्यता का मार्ग सरल नहीं है। हमें जीवन के चुनौतियों का सामना साहस से करना होगा और अपने परीक्षणों और मुश्किलों से घबराना नहीं है। हमें अपने दर्द को संवेदनहीन बनाने या उसे अपने जीवन से बाहर निकलने के लिए दीवारें बनाने से बचना चाहिए। बल्कि हमें हिम्मत से अपनी समस्याओं का सामना करना होगा,क्योंकि इसी साहस के माध्यम से हम सच्ची शांति प्राप्त करेंगे। शांति का मार्ग इंकार नहीं, विजय है। ध्यान दें, यह सिर्फ आपका व्यवहार ही नहीं, बल्कि आपकी सक्षमता भी है जो चरम सीमा का भी निर्धारण करती है।

आत्मस्वीकृति के अलावा अपने मन को भी सकारात्मक विचारों से भरना महत्वपूर्ण है। सकारात्मक भावनाओं पर ध्यान केंद्रित करके हम कभी भी एक आश्चर्यजनक दिन का आश्वासन दे सकते हैं। अक्सर, जब हम अच्छा महसूस करके अपना दिन शुरू करते हैं, नकारात्मक स्थितियां जल्दी से हमारी सकारात्मकता को विफल कर सकती हैं। इसका विरोध करने के लिए हम सकारात्मक भावनाओं को बढ़ाने और नकारात्मकता को बढ़ने से रोकने के लिए सक्रिय रूप से चुन सकते हैं। इसलिए अपने विचारों का काबू रखें और अपने दिन की शुरुआत सकारात्मकता के साथ करें क्योंकि यह एक पूर्ण जीवन के आधार है।

• स्वीकृति और मजबूत इच्छाशक्ति के साथ कार्य करना

यह महत्वपूर्ण है कि सकारात्मक और नकारात्मक-दोनों पक्षों को बिना किसी खेद या पछतावे के स्वीकार करें! जब आप अपने अधिकार से कम के लिए तैयार हो जाते हैं, तो आपको अपने अधिकार से भी कम ही मिलता है। ध्यान रखें कि आप अद्वितीय हैं और यही आपको परिभाषित करता है। जीवन हमारे सामर्थ्य का परीक्षण करने वाली चुनौतियों को प्रस्तुत करता है और हमें अपने अधिकतम रूप से विकसित करता है। कार्रवाई करने के लिएए मजबूत इच्छाशक्ति के साथ संकीर्ण ध्यान रखना अत्यावश्यक है। समय बर्बाद न करें और पूरी मजबूती के साथ हर क्षण को ग्रहण करें, क्योंकि यह बुद्धिमत्ता और जादू की शक्ति होती है। आप सकारात्मक कार्यों की शुरुआत करें, और आप उसे पूर्णतः पूरा करेंगे।

हम स्वयं को स्वीकार करने का अभ्यास कैसे कर सकते हैं?

• बिना किसी शर्त के साथ प्रेमपूर्वक दूसरों को स्वीकार करना

उस नकारात्मक व्यवहार को जिसे आप परास्त करने का प्रयास कर रहे हैं, उसे बिना किसी द्वेष के स्वीकार करें और इन विपरीत स्थितियों को ग्रहण करने पर विचार करें। मूल तत्व यह है कि इन प्रदूषकों को ग्रहण करके, हम स्वाभाविक रूप से उन्हें मध्यवर्ती मार्ग को सम्मिलित कर लेते हैं, जो दोनों गुणों को मिश्रित करता है। इस तरीके से, आप नकारात्मक व्यवहार के फिर से सामने आने की संभावना को कम कर सकते हैं, और अगर ऐसा होता है, तो उसका हानिकारक प्रभाव कम होगा। हम दूसरों में दोषों को देखते हैं, तो इससे हमारे भीतर के संबंधित गुणों में समस्याएं हो सकती हैं। ये लोग हमें अपने प्रयासों को आत्म-सुधार की दिशा में मार्गदर्शन कर सकते हैं। दूसरों के प्रति प्रेम दिखाने से हमारे दृष्टिकोण और हमारे प्रति प्रतिक्रिया पर अच्छा प्रभाव पड़ सकता है। दूसरों से प्रेम करना यह नहीं माने जाने का अर्थ है, बल्कि विवेकपूर्ण प्रेम का अभ्यास करना है जो समझदारी और उदारता स्थिरता और लचीलापन जैसी विपरीत स्थितियों को भी शामिल

करता है। दूसरों को उनकी खामियों के बावजूद स्वीकार करने के लिएए आंतरिक और बाह्य रूप से उत्पन्न व्याधियों को धीरे-धीरे शांत करने का प्रयास करें। समस्याग्रस्त व्यक्तियों को उन समस्याओं से अप्रभावित होने की अनुमति दें और उनकी नकारात्मक प्रवृत्तियों से कोई मानसिक जुड़ाव न रखें। अपने अंदर से उन्हें क्षमा का संकल्प करें और उन्हें निरंतर प्रेम के सुंदर प्रकाश से घिरा हुआ विचार करें। कल्पना करें कि यह प्रकाश उनके अस्थायी नकारात्मक व्यवहार और बाह्य व्यक्तित्व में कोमल और लाभकारी रूप से प्रवेश कर रहा है, और उनके विकट और अस्वीकार्य व्यक्तित्व के कष्टकारी अंशों तक पहुंच रहा है। उन अंशों से भी प्रेम करें और स्वीकार करें जिन्हें वे वर्तमान में स्वयं स्वीकार नहीं कर सकते हैं।

• आत्म-क्षमाशीलता और नैतिक प्रेम को स्वीकार करके व्यक्तिगत विकास करना

अपने सपनों को पूरा करने के लिए यह महत्वपूर्ण है कि आप स्वीकार करें कि आप प्रेम करने योग्य हैं, भले ही आप ने गलतियाँ की हों। अपने पूर्व अपराधों को माफ करके अपने आप को विकसित और परिवर्तनशील बनाने की अनुमति देना अत्यंत आवश्यक है। अपने पिछली गलतियों को अपने चरित्र को परिभाषित करने का कारक न बनने दें, बल्कि उन्हें अस्थायी विपर्यय समझें जो आपके सहज भलाई को ढक नहीं सकते। अपने अनुभवों से ज्ञान अर्जित करें, और उस समझ को अपने भावना और व्यवहार को आगे बढ़ने का आधार बनाएं। ज्ञान को अंगीकार करें और सकारात्मक परिवर्तनों को अभिभूत करें, जो आपके दैनिक जीवन को प्रभावित करेंगे।

• सकारात्मक सोच

जॉन एक अद्भुत व्यक्ति थे, उसमें हर चीज में सकारात्मकता भरपूर थी। उनकी सकारात्मक अवस्था ने आस-पास के लोगों में प्रशंसा,जिज्ञासा और ईर्ष्या को उत्पन्न किया। रेस्त्राँ की एक चैन के कुशल प्रबन्धक के रूप में जॉन

बेहद खास थे क्योंकि उनके पास एक ऐसी टीम थी जो हर रेस्त्राँ से दूसरे रेस्त्राँ तक उनके साथ चलती थी। उनका व्यवहार उनकी सफलता का रहस्य था।

जॉन एक स्वाभाविक प्रेरक थे, हमेशा उनके कर्मचारी उनको सुनने के लिए और उनसे मार्गदर्शन प्राप्त करने के लिए तैयार रहते थे। उनकी खास योग्यता थी कि वे हर स्थिति के सकारात्मक पहलू को देख सकते थे, और वे इस दृष्टिकोण को दूसरों के साथ साझा करने में बिल्कुल परेशान नहीं होते थे। मुझे उनके दृढ़ निर्णय के बारे में जानकर आश्चर्य हुआ। उन्होंने बताया कि हर सुबह, वे एक चेतन निर्णय लेतेथे कि आज उन्होंने अपने व्यवहार की गुणवत्ता सुधारनी है। वे रोज अपने आपको कहते थे, "जॉन, आज आपके पास दो विकल्प हैं। आप अच्छे मूड में रहने का चयन कर सकते हैं या बुरा मूड!" अपनी मानसिक शान्ति के लिए उन्होंने हमेशा पहले विकल्प का चुनाव किया।

जॉन ने यह भी साझा किया कि जब कठिनाइयों का सामना करना पड़ा, तो उन्होंने इसे सीखने और विकसित होने का एक अवसर माना, न कि पीछे हटने का। उन्होंने सकारात्मकता के पक्ष पर ध्यान केंद्रित किया और दूसरों को भी इसे करने के लिए प्रोत्साहित किया। यहां तक कि जब उन्हें शिकायतें या नकारात्मकता का सामना करना पड़ता था, तब भी जॉन ने प्रकाश की रेखा ढूँढने और एक अलग दृष्टिकोण अपनाया।

जॉन की दर्शनशैली सकारात्मक सोच की शक्ति और इसके हमारे जीवन पर पड़ने वाले प्रभाव को प्रदर्शित करती है। व्यवहार सचमुच सब कुछ है और यह एक ऐसा विकल्प है जिसे हम रोज़ चुनते हैं। सकारात्मक रवैया अपनाने का चयन करके हम चुनौतियों को पार कर सकते हैं दूसरों को प्रेरित कर सकते हैं, और एक और संतोषपूर्ण जीवन बिता सकते हैं।

मैंने जॉन से इस पर असहमति व्यक्त की थी कि "मुझे लगता है यह इतना सरल नहीं है।" जो कहते हैं कि "जीवन सभी चुनावों के बारे में है। सभी शोर को दूर करें, और हर स्थिति को एक चयन तक ले जाते हैं। आप चुनते हैं कि आप चीज़ों का प्रतिक्रिया कैसे देते हैं। आप चुनते हैं कि लोग आपके मनोदशा

को कैसे प्रभावित करते हैं। आप चुनते हैं कि आप खुश रहना चाहते हैं या नहीं। अंततः यह आपका फैसला है कि आप अपने जीवन को कैसे जीना चाहते हैं।" जॉन के शब्दों पर मैंने विचार किया और उनकी सलाह को याद करते हुएए मैंने अपना स्वयं का व्यवसाय शुरू किया।

बाद में पता चला कि जॉन को एक रेस्टोरेंट व्यवसाय में एक ख़ौफ़नाक घटना का सामना करना पड़ा था। एक दिन जिस रेस्टोरेंट में वे थे उसका पिछवाड़ा दरवाजा खुला रह गया था और तीन लूटेरे बंदूकों सहित घुस आए। जॉन ने उन्हें पहचान लिया मगर आत्मरक्षार्थ उठाया गया हथियार उनके वृद्ध हाथों से गिर गया। ऐसा देखते ही लुटेरे भयभीत हो गए और उन पर गोलियाँ चला दीं और भाग गए। भाग्यवश जॉन को तुरंत अस्पताल ले जाया गया। 18 घंटे के सर्जरी और सात महीनों की इंटेंसिव केयर के बाद, जॉन अस्पताल से निकले लेकिन गोली के टुकड़े उनके शरीर में ही रह गए। इस घटना के छह महीने बाद जॉन से मिलने का मौका आया। जब उनसे पूछा गया कि कैसे महसूस कर रहा है, तो उन्होंने कहा "मैं और भी अच्छा नहीं हो सकता। घावों के निशान देखो!" भले ही उनके घावों को दिखाया नहीं जा सका उससे लूट के दौरान उसके विचारों के बारे में पूछा गया। "सबसे पहले जो मैंने सोचा था, वह था कि पीछे वाला दरवाजा बंदहोना चाहिए था!" उन्होंने कहा। "लेकिन फिर, जब मैं जमीन पर लेटा हुआ था, मैंने महसूस किया कि मेरे पास एक ही विकल्प था। मैं जीना चुन सकता था, या मरना और मैंने जीना चुना।" "क्या तुम्हें डर नहीं लग रहा था? क्या तुम्हारा होश उड़ गया था?" सवाल पूछा गया। जॉन ने कहा, "पैरामेडिक्स बहुत शानदार थे। उन्होंने मुझे आश्वस्त रखा था कि सब ठीक होगा। लेकिन जब मैं ईआर में लाया गया और डॉक्टरों और नर्सेज़ के चेहरों के नज़ारे मेरे सामने आए, तो मैं डर गया। उनकी आंखों में देखा जा सकता था कि वे मुझे ग़ायब करने की कोशिश कर रहे थे।" "मुझे पता था कि मुझे कुछ करना होगा।"

मैंने उनसे पूछा कि क्या किया था, और उत्तर मिला कि एक नर्स ने उनसे शोर मचाकर सवाल किए थे। उनसे पूछा गया कि क्या कोई एलर्जी है जिसका उत्तर सत्यापित किया जाये, जिसका डॉक्टर और नर्सेज़ प्रतीक्षा करने लगे।

उसने गहरी साँस ली और चिल्लाकर कहा, "गोलियाँ!" जिससे सभी हंस पड़े। उन्होंने फिर कहा कि वे जीने का चयन कर रहे है और उनसे यह अनुरोध किया कि वे उसके साथ अस्पताल में उसे ऑपरेट करें जैसे वह जीवित है, मरे हुए नहीं। जॉन ने अपने डॉक्टरों और नर्सेज़ के कौशल तथा अद्भुत रवैये के बदौलत अपने साथ हुए। मैंने उससे सीखा कि हम सभी को रोज़ जीने का चयन है। अंतत् अपने सपनों को पूरा करने में हमारा व्यवहार वास्तव में महत्वपूर्ण है।

• मानव अनुभव की विविधता

प्रत्येक दिन सभी के लिए समान नहीं होता। प्रत्येक व्यक्ति का अपना अनूठा अनुभव होता है जो सफलता के समय आनंदित होने से लेकर दिलासा तोड़ने, निराश या चिंतित होने तक भिन्न हो सकता है। हम अपनी आकांक्षाओं को पूरा करके खुशी प्राप्त करने की इच्छा रखते हैंए लेकिन हमारे मानसिक और शारीरिक संतुलन पर हमारे नियंत्रण से परे परिस्थितियों का असर हो सकता है। कभी-कभी हमें एहसास होता है कि हम इन परिस्थितियों के जिम्मेदार हैं और यदि हम अलग तरीके से कार्रवाई करते, तो हम नकारात्मक अनुभवों से बच सकते थे। उसी तरह, क्या हम सभी ने नहीं अनुभव किया है कि किसी की मदद करने से आनंद आता है? यह बहुत उत्कृष्ट अनुभव होता है।

• स्वस्थ मानसिकता में ईमानदारी और सहानुभूति का महत्व

बहुत अति-स्वार्थी व्यक्ति अक्सर ऐसे गलत कार्यों में लिप्त हो जाते हैं, जिनमें उनका कोई हक नहीं होता, और सच को नजरअंदाज करते हैं, चाहे उससे दूसरों को हानि हो। यह मानसिकता अक्सर हमारे घरों, स्कूलों और कार्यस्थलों में प्रोत्साहित की जाती है।

जब ईमानदारी को सिर्फ तब महत्व दिया जाता है जब यह किसी को हानि नहीं पहुंचाती तो हम सभी को पीड़ा होती है और विकास और सीखने का कोई अवसर नहीं होता। ईमानदारी और सहानुभूति व्यक्ति के पास होने योग्य सबसे महत्वपूर्ण गुण हैं।

ईमानदारी और सहानुभूति को मूलभूत गुण के रूप में रखना, एक मजबूत मानसिकता का विकास करने के लिए महत्वपूर्ण हैं। ईमानदारी हमें अपने आस-पास और लोगों के साथ सच्चे रहने की अनुमति देती है, जिससे मजबूत रिश्ते और जीवन के प्रति उज्ज्वल दृष्टिकोण का विकास होता है।

• किसी चीज को अनजाने में सफल होने पर विश्वास करने के हानिकारक परिणाम

किसी चीज को अनजाने में हमें सफल होने का विश्वास रखना हानिकारक होता है, क्योंकि यह धोखा देने से सफलता मिलने की प्रेरणा देता है। इसके बजाय, हमें हर कार्य में अपनी सर्वश्रेष्ठ कोशिश करने, अपनी क्षमताओं की सराहना करने और अपने सपने पूरे करने के लिए सब कुछ देने पर ध्यान केंद्रित करना चाहिए।

• प्यार की शक्तिः दुर्घटना से सीख

"प्यार ही वह सब कुछ है जो आपको चाहिए है" इससे क्या अभिप्राय है? प्यार का अर्थ है सभी के लिए सर्वश्रेष्ठ करना। ऐसा विश्वास है कि आप ज्यादा देने से ज्यादा प्राप्त करते हैं। प्यार का मतलब है यह स्वीकार करना कि आपके पास अद्भुत प्रतिभा है और उसे सभी की भलाई के लिए उपयोग करना। इसका मतलब यह भी है कि आप दूसरों में उनकी अच्छाई को देखते हैं और उन्हें इसे बाहर निकालने में मदद करते हैंए भय का सामना करके कार्रवाई करना और सीखने की यात्रा में दूसरों की मदद करते हुए निरंतर सीखते रहना।

11 सितंबर 2001 को अमेरिका में और 26 नवंबर 2008 को भारत में हुई दुर्भाग्यपूर्ण घटनाओं के बाद अब चुनौती है कि इस सीख को समझें कि नफरत से कितना नुकसान हो सकता है। जब हम छल, झूठ, अपमान या जरूरतमंद लोगों को नजरअंदाज करने जैसे नकारात्मक व्यवहारों में जुटते हैं, तो हम स्वयं को इन कार्रवाईयों को दोहराने के लिए तैयार करते हैं और उन्हें अपने आस-पास के लोगों को सिखाते हैं। इस संक्रमण को तोड़ना और उदारता और सहानुभूति की दिशा में प्रयास करना महत्वपूर्ण है।

- **आत्मसंदेह को दूर करके और अपनी संभावनाओं को साकार करके अपनी सार्थकता को प्रकट करना**

आप अपनी सर्वश्रेष्ठ कोशिश करें, प्रेरित करें और दूसरों की मदद करें, ईमानदारी दिखाएं और अपने ज्ञान को साझा करें। आपके प्रयास अप्रत्याशित बेहतर फल देंगे। दूसरों के प्रतिक्रिया पर चिंता न करें।

एक शांत आराम के लिए प्रत्येक कार्यमें समर्पित हों। आपकी क्षमता में विश्वास करें, इसे प्रदर्शित करें और जानें कि आपको अपने सपनों को प्राप्त करने के लिए प्रेम और प्रशंसा का अधिकार है।

- **सह-संघर्ष और सफलता**

थॉमस एडिसन अपने निरंतर संघर्ष और दृढ़ता के लिए प्रसिद्ध हैं, उन्होंने प्रकाशबल्ब का आविष्कार करने से पहले दस हजार प्रयोग किए थे। कार्य करने के प्रति उनकी दृढ़ता और कभी भी सब कुछ नहीं जानने के विश्वास ने उनके सफलता में महत्वपूर्ण योगदान दिया। यह दृष्टिकोण अन्य क्षेत्रों में भी लागू किया जा सकता है।

मुख्य विचारणीय बिन्दु

1. अपने आप को स्वीकार करना एक सफल जीवन के लिए आवश्यक है। बिना किसी खेद या पश्चाताप के अपने जीवन के सभी सकारात्मक और नकारात्मक पहलूओं सहित स्वयं को स्वीकार करें।

2. जीवन में सफलता के लिए मजबूत इच्छाशक्ति को विकसित करें और साहस से चुनौतियों का सामना करें।

3. सकारात्मक और नकारात्मक व्यवहारों को स्वीकार करते हुए दूसरों को बिना किसी शर्त के प्रेम के साथ स्वीकार करें।

4. सभी को क्षमाशीलता के साथ स्वीकार करें और व्यक्तिगत विकास के लिए पिछली गलतियों से सीखें।

5. सकारात्मक सोच और व्यवहार चुनौतियों को पार करने और सफलता की प्राप्ति में महत्वपूर्ण भूमिका निभाते हैं।

6. मानव अनुभव भिन्न-भिन्न होते हैं, और हर दिन समान नहीं होता, लेकिन सकारात्मक व्यवहार बनाने से इनके पर्यवेक्षण में मदद मिल सकती है।

7. ईमानदारी और दयालु मन:स्थिति दूसरों के साथ मजबूत रिश्तों को निर्माण करने के लिए महत्वपूर्ण गुण हैं।

8. किसी मुद्दे पर निर्णय से बचने की प्रवृत्ति हानिकारक व्यवहारों का कारण बन सकता है और व्यक्तिगत विकास को बाधित कर सकता है।

9. प्रेम एक शक्तिशाली ताक़त है जो भलाई की ओर ले जाने और दयालु रूप से दूसरों की सहायता करने में मदद करती है।

10. आत्म-संदेह को परास्त करें और अपनी क्षमता को खोलेंए स्वयं पर विश्वास करके और सही काम करने पर ध्यान केंद्रित करके अपनी क्षमताओं को उजागर करें।

11. संघर्ष और दृढ़ता के गुण जैसे थॉमस एडिसन ने दिखाया, जीवन के विभिन्न क्षेत्रों में सफलता के लिए महत्वपूर्ण हैं।

निष्कर्ष:

आत्म-स्वीकृति एक परिपूर्ण जीवन के लिए महत्वपूर्ण है, जिसके लिए साहसपूर्वक चुनौतियों का सामना करना और अपने सकारात्मक और नकारात्मक पहलुओं को गले लगाना आवश्यक है। यह सकारात्मक सोच

और दृष्टिकोण के महत्व को उजागर करता है जो बाधाओं को पार करने में मदद करता हैए जैसा कि जॉन के उदाहरण से प्रदर्शित होता है। दूसरों को शर्तहीन प्यार से स्वीकार करने, ईमानदारी, दया का अभ्यास करने और व्यक्तिगत विकास की कोशिश करने की आवश्यकता है। आत्म-संदेह को पार करना और अधिरंगता को गले लगाना अपनी क्षमता को उद्घाटित करने और सफलता प्राप्त करने के लिए महत्वपूर्ण है। आत्म-स्वीकृति के लिए दृढ़ता की आवश्यकता है, यह कैसे प्राप्त हो सकती है पर हम अगले अध्याय में जान सकते हैं।

यदि आप पर्याप्त रुप से मेहनत करते हैं तब आप किसी भी
समस्या का समाधान प्राप्त कर सकते हैं।
-लॉरी ग्रेनियर

• • • • • • • • • •

6

दृढ़ताः सफलता, धन प्राप्ति और समृद्धि की कुंजी

Image by jcomp on Freepik

"हर किसी का सपना साकार हो सकता है अगर वह उस पर दृढ़ मेहनत करें।" - सरीना विलियम्स

निवादा ग्राम की एक युवा आविष्कारक, एलिजा ने हमेशा ऊर्जा उद्योग को क्रांतिकारी बनाने का एक दृढ़ सपना देखा था। उसका नवाचारी स्वभाव उसे

विभिन्न प्रोटोटाइप्स के साथ अथक प्रयोग करने के लिए प्रेरित करता रहा, लेकिन हर बार उसे संदेह और रुकावटों का सामना करना पड़ता था। फिर भी, एलिजा की सतत् परिश्रमशीलता बेपरवाह बनी रही।

एलिजा को अप्रत्याशित सफलता तब मिली जब उसे अपने प्रयोगों के दौरान सौर प्रौद्योगिकी और पवन ऊर्जा के एक अद्वितीय संयोजन का पता लगा। अत्यधिक संघर्ष के साथ, उसने दिन-रात अपनी सृजनात्मकता को परिष्कृत किया, तकनीकी चुनौतियों और वित्तीय बाधाओं के माध्यम से अपना अनुसंधान जारी रखा और सौर ऊर्जा के क्षेत्र में पहले से ही सक्रिय वैज्ञानिकों से सम्पर्क किया। उनकी खोजों के बारे में लगातार विचार विमर्श किया। उसके अविरत प्रयासों से आखिरकार एक स्वच्छ और कुशल ऊर्जा प्रणाली के विकास का परिणाम सामने आया, जिसने वैश्विक ध्यान आकर्षित किया।

एलिजा का उत्साह प्रभावी सिद्ध हुआ था। उसके काम के प्रति वास्तविक जुनून ने उसकी प्रयोगशाला में कार्यरत अन्य वैज्ञानिकों को भी आकर्षित किया और उसकी अनुसंधान में शामिल होने के लिए प्रेरित किया। जैसे ही उसका अनुसंधान तेज गति पकड़ने लगा उसकी ऊर्जा और सकारात्मकता ने उसके चारों ओर के लोगों में उद्देश्य की भावना को प्रज्वलित किया, जिन्होंने उन्हें उत्कृष्टता की दिशा में प्रोत्साहित किया।

अनगिनत बाधाओं के बावजूदए एलिजा का दृढ़ आत्म विश्वास उसकी सबसे महत्वपूर्ण संपत्ति साबित हुआ। उसने मजबूती से यकीन किया कि उसका आविष्कार दुनिया को बेहतर बना सकता है। उसका अक्षय आत्मविश्वास ने न केवल निवेशकों को आकर्षित किया, बल्कि जिन्होंने उस पर संदेह किया था,को अपनी धारणा बदलने के लिए विवश कर दिया।

एलिजा ने यह सिद्ध किया कि उसके विचार, उसके सपनों को साकार कर वास्तविकताओं को आकार दे रहे हैं। सकारात्मकता और दृष्टिकोण की शक्ति को दृष्टिगत रखते हुए, उसने अपनी कर्मशील मानसिकता के माध्यम से संभावित असफलता से सफलता की दिशा में बदल दिया। इस दृष्टिकोण

के परिवर्तन ने उसे नये संकल्प से चुनौतियों का समाधान करने की क्षमता प्राप्त करने की अनुमति दी।

व्यापारिक लक्ष्यों के दबाव का सामना करते हुए भी एलिजा ने अपने अनूठे विचारों को नहीं छोड़ा। उसने अपनी विशिष्टता को ग्रहण किया और अपने विशिष्ट दृष्टिकोण का उपयोग अपनी सृजनात्मकता की ओर अधिक ध्यान दिया। उसकी प्रतिष्ठा और विश्वास उसकी ताकत बन गई थी।

जैसे ही एलिजा को अपने आविष्कार में लोकप्रियता मिली, उसने यह समझा कि स्थायी सफलता केवल भौतिक धन से नहीं है। स्थायी सफलता की असली महत्व व्यक्तिगत मूल्यों को व्यावसायिक उपलब्धियों के साथ मेल करने में है। इस अवबोधन को उसने मानवता के लिए एक ऐतिहासिक व्यापारिक संस्कृति को बनाने में मार्गदर्शन किया जिसमें उसकी ईमानदारी और उद्देश्य केंद्रित थी।

एलिजा ने माना कि सकारात्मक विचार महत्वपूर्ण है, लेकिन वे केवल विकास की गहरी अवचेतन धारणाओं को पर्याप्त रूप से समझने में काम नहीं आते है, और विकास को रोक सकते हैं। उसने सफलता की मानसिकता की नीति को अपनाने के लिए मनोविज्ञान का अध्ययन किया, आत्मसंदेह और सीमित विश्वासों के मूल कारणों की पहचान की और समय के अधीन चुनौतियों का समाधान सीखा।

एलिजा ने जब अपने प्रयोगों के साथ आत्म-खोज की यात्रा पर प्रारंभ की, तब अपने स्वयं के नकारात्मक विश्वासों और दृष्टिकोणों का सामना किया। अंतरज्ञान और थेरेपी के माध्यम से उसने बचपन के उन अनुभवों की खोज की जिन्होंने उसकी आत्म-आत्मीयता को आकार दिया था। इन मुद्दों से गुज़रते हुए उसने एक अधिक स्वस्थ मूल्यांकन करने की पद्धति को भी मजबूती प्रदान की।

एलिजा ने प्रतिस्पर्धी बाजार में व्यक्तिगत ब्रांडिंग का महत्व समझ लिया। उसने अपनी विशिष्टताओं और मूल्यों का प्रदर्शन करने की कला को अपनाया, जो

केवल उसकी पेशेवर प्रतिष्ठा को ही नहीं बढ़ावा दे रही थीं, बल्कि सहयोग और विकास के लिए अवसरों को आकर्षित कर रही थीं।

एलिजा की सफलता सतत् शक्ति का प्रमाण थी। उसने दर्शाया कि छोटे, सतत् क्रियाएँ समय के साथ, महान कार्यों तक पहुँचने का मार्ग है। उसने अपने आविष्कार को सुधारने और अपने कौशलों को संविदान करने के लिए समर्पण दिखाया, जिससे उसकी टीम की उपलब्धियों में निरंतर विकास हुआ।

विभिन्न सफलताओं के मध्य, एलिजा ने अप्रत्याशित चुनौतियों का भी सामना किया जिन्होंने उसकी प्रतिरोधक क्षमता को मजबूत किया। उसने समझ लिया था कि कठिनाईयों को निपटना व्यक्तिगत और पेशेवर विकास के लिए आवश्यक था। स्व-स्वीकृति के माध्यम से उसने सीखा कि उसे अपनी कर्म यात्रा में कम महत्वपूर्ण के कुछ बिन्दुओं पर संतोष महसूस करना भी अत्यंत महत्वपूर्ण है अन्यथा वह बड़े लक्ष्य प्राप्त नहीं कर सकती थी।

एलिजा की यात्रा ने उसे सिखाया कि सफलता केवल एक स्थिर गंतव्य नहीं हैए बल्कि एक नियमित विकास है। वह चुनौतियों पर बढ़ने का आनंद लेती थीए प्रत्येक बाधा को सीखने, अनुकूलित करने और विकसित करने का एक अवसर मानती थी। यह निरंतर विकास की दृष्टिकोण से उसकी चिरंतन सफलता को प्रोत्साहित करता था।

एलिजा ने अपने विचारों के लिए कुछ क्षेत्रों से प्रतिरोध का सामना किया, जब उसके विचार अपरिचित क्षेत्र में जा पहुँचे। हालांकि उसने दृढ़ निश्चय के साथ यह समझ लिया था कि कि अभिनवता अक्सर कुछ लोगों की प्राथमिकताओं मेंअसहमति पैदा करती है। उसने अनजानी अवधारणाओं से हिचकिचाने के लिए अपने दृढ़ संकल्प को तोड़ने से इन्कार किया, जिसने अपरिचित अवधारणाओं को नए समाधान बनाने के लिए उसे प्रेरित किया।

चूंकि किसी भी काम को करने से पहले उसके विभिन्न पहलूओं पर एलिजा गहन विचार करती थी, इस प्रकार अंतरज्ञान के माध्यम से उसने आत्म-भय

और अपनी मानसिक असुरक्षाओं का सामना किया, जिनका आत्मीय विकास के लिए आदर करना महत्वपूर्ण होता है। छलावन का सीधे सामना करके, वह अपनी टीम का एक मजबूत नेता और परिवर्तन के पक्षधर बन गई।

एलिजा को उसकी अनुसंधान यात्रा ने बताया कि वास्तविक सफलता एक समग्र प्रयास है। इसलिए उसने अपनी प्रामाणिकता को ग्रहण करके, अपनी भय और असुरक्षाओं का सामना करके, और निरंतर विकसित होकर उसने अपनी क्षमताओं की पूरी संभावना को खोल दिया। उसकी कहानी दूसरों के लिए प्रेरणा बन गई, जो दिखाती है कि स्थिर धन और सफलता हासिल करना सतत् परिश्रम, नवाचार और व्यक्तिगत विकास की शक्ति के माध्यम से संभव है। अब हम एलिजा की कार्यशैली के विभिन्न तत्वों का विश्लेषण करते हैं।

• नवाचार और दृढ़ता के माध्यम से धन की खोज

धनवान बनने के लिए व्यक्ति को अपने पिछले प्रयासों पर विचार करना चाहिए और उन समस्याओं के समाधान को ढूंढने पर ध्यान केंद्रित करना चाहिए, जिन्हें उन्होंने पहले आजमाया नहीं है। शायद ऐसा लग सकता है कि किसी एक प्रयास का परिणामशीलता के लिए कोई विशेष तरीका काम नहीं करेगा, लेकिन बिना इसे आजमाए, व्यक्ति इसकी प्रभावशीलता के बारे में सुनिश्चित नहीं हो सकता। इसलिए, नए समाधानों की खोज करना और तरीके बदलते समय में दृढ़ता बनाए रखना महत्वपूर्ण है।

• उत्साह की शक्ति

उत्साह सफलता के लिए अविश्वसनीय तौर पर तीव्र गति प्रदान करने वाला कारक है। यदि आप कुछ प्राप्त करना चाहते हैं, तो उस काम में अपना सर्वश्रेष्ठ प्रयास करें और उस निर्धारित कार्य में पूरी तरह से स्वयं को समर्पित करें। अपने काम में अपनी विशिष्ट व्यक्तित्व को सम्मिलित करें और अटल समर्पण और ऊर्जा का प्रदर्शन करें। तभी आप अपने सपने पूरे कर पाएंगे।

ध्यान रखें] कोई भी महत्वपूर्ण उपलब्धि उत्साह के बिना कभी भी हासिल नहीं हुई है। यदि आपके पास उत्साह नहीं है, तो आप अपने सपने पूरे नहीं कर पायेंगे।

• आत्मविश्वास की शक्ति

किसी भी लक्ष्य को प्राप्त करते समय आत्मविश्वास काम आता है। प्रत्येक व्यक्ति को यह मानना चाहिए कि वह अपने लक्ष्य को प्राप्त कर सकता है, उसे पाने के लिए समाधान खोज सकता हैं और सफलता के योग्य हैं। हालांकि, ऐसा विश्वास रखना कि वह सभी कोशिशें कर चुका है और सफल नहीं हो सकता हैं, यह हानिकारक होगा। ऐसी धारणा उसकी इच्छाओं के खिलाफ जा सकती है और उसे अपने लक्ष्यों को प्राप्त करने से रोक सकती है।

आपका विश्वास, आपकी वास्तविकताओं को प्रभावित करता हैं, क्योंकि आपका अवचेतन मन उन्हें संभावित नतीजों के साथ जोड़ता है और उनसे जुड़े परिणाम उत्पन्न करता है। यदि आप दृढ़ता से विश्वास करते हैं कि आपने सभी विकल्पों का उपयोग कर चुके हैं तो आप सफलता हासिल कर सकते हैं। यदि आप सफलता प्राप्त नहीं कर सके तो आपका अवचेतन मन आपको नए समाधानों की ओर ले जा सकता है और ऐसे परिस्थितियों की ओर प्रेरित करेगा जो आपकी धारणा को पुष्टि करते हैं। इसलिए यदि आप अपने सपनों को पूरा करना चाहते हैं और पर्याप्त धन को अपने जीवन में आकर्षित करना चाहते हैं, तो अपने विश्वासों को सकारात्मक और सशक्त बनाना होगा। यह आप पर निर्भर करता है कि आप इसे कैसे बदलने के लिए कदम उठा सकते हैं और अपने जीवन में समृद्धि को आकर्षित कर सकते हैं? “जो कुछ भी आपका मन और विश्वास कल्पना कर सकता है, उसे प्राप्त कर सकता है“ -नेपोलियन हिल।

• लक्ष्य प्राप्ति के लिए रणनीतियों की समीक्षा

यदि आप गहन प्रयासों के बावजूद भी अपने लक्ष्यों को पूरा नहीं कर पा रहे हैं, तो शायद अब आपको अपनी रणनीतियों की समीक्षा करने का समय है।

अपनी रणनीतियों में बदलाव लाने के लिएए आप अपने विचारों/सिद्धान्तों का अनुश्रवण करें और उनकी पहचान करें जो आपकी प्रगति को रोक रहे हैं। उदाहरण के लिए, यदि आपको लगता है कि आपने सभी विकल्पों का उपयोग कर लिया है और सफलता के योग्य नहीं हैं, तो खुद से कहकर इस विश्वास को परखें कि शायद एक समाधान है जिसे आपने अभी तक ध्यान नहीं दिया है या पाया नहीं है।

अपनी मानसिकता को वहां रखें जो लक्ष्य प्राप्ति की संभावना में विश्वास करती है, और उसे फोकस करें ताकि आप सफलता को हासिल करने के लिए समाधान खोज सकें। इस प्रयास में जब आप दृढ़ता से जारी रहेंगे, तो आपकी अवचेतन मन को अपने लक्ष्यों से संबंधित अवसरों और संसाधनों की पहचान करने के लिए प्रोग्राम किया जाएगा। इसलिए, अपने मन को आगे बढ़ाना जारी रखें और विश्वास करें कि समय के साथ, आपके विश्वास प्रणाली आपके अभिलाषाओं का समर्थन करने के लिए बदल जाएगी।

लक्ष्यों के साकार होने की प्रक्रिया के संबंध में यह सिद्ध हो जाता है कि व्यक्ति कार्य-विषयक या अहंकार-विषयक लक्ष्यों के प्रति अपने संलग्नता के स्तर में भिन्न हो सकते हैं। दूसरे शब्दों में, व्यक्ति कार्य-विषयक और अहंकार-विषयक लक्ष्यों में भिन्न-भिन्न मात्रा में लिप्त हो सकते हैं भले ही उनके लक्ष्य एक समान हों।

• अपने विशिष्टता की पहचान करें

अपने सपने साकार करने के लिए आपको यह आत्म विश्वास सृजित करना होगा कि आप एक अद्भुत व्यक्ति हैं! आप में अनेक ऐसे गुण हैं जो आपके आस-पास व्यक्तियों में नहीं हैं। आपको विश्वास नहीं हो रहा है? मैं दावा करता हूँ कि आज आप आस-पास देखें और महसूस करें कि अपने जीवन में कई सकारात्मक घटना हुई हैं। स्वयं के दोषों पर अधिक ध्यान न दें, वे आसानी से पहचाने जा सकते हैं। बल्कि स्वयं को विशेष बनाने वाली विशेषताओं पर ध्यान केंद्रित करें, जैसे कि आपका परिवार, दोस्त, नौकरी, और अन्य विशेष

गुण। कोई दूसरा व्यक्ति आप में उन गुणों का समावेश नहीं करता है, जो आपको वास्तव में अनूठा बनाते हैं। वे गुण आपकी अपनी सम्पत्ति हैं।

इस अद्भुत विचार को खोजने का समय निकालें! जब आप अपने जीवन पर विचार करते हैं, तो आपके मन में जो भी विचार आएं या वर्तमान में आपके पास जो भी विचार हैं, उन पर ध्यान दें। यह महत्वपूर्ण है कि आप अगर किसी चीज की कल्पना कर सकते हैं, तो इसका यह मतलब है कि उसे हकीकत में बदलने की अच्छी संभावना है। मैं चाहूंगा कि आप हर दिन का एक हिस्सा उस परिवर्तन की दिशा में काम करने को समर्पित करें, जिसे आप अपने जीवन में देखना चाहते हैं। पिछली असफलताओं या छूट गए मौकों पर ध्यान न दें, बल्कि अपनी सफलताओं पर ध्यान केंद्रित करें। जैसे कि अपने बच्चों को पालना, एक नौकरी प्राप्त करना जिसे आप पहले पसंद करते थे, या एक सफल व्यवसाय शुरू करना। थोड़ी सी यादें ताजगी से भरें और वास्तविकता से महसूस करें कि इन सफलताओं ने आपको कितनी खुशियाँ दीं। यह आभास आपको फिर से प्राप्त हो सकता है और इसे अपने जीवन के अन्य क्षेत्रों में लागू कर सकते हैं। इसे ध्यान में रखें और अपने सपनों को पूरा करने की कोशिश करें! यही आपकी विशिष्टताऐं हैं।

• अपने स्वभाव एवं गुण-अवगुणों को स्पष्टतापूर्वक स्वीकार करना

मानव जीवन के रूप में, हमें अद्भुत अवसर प्रदान किया गया है कि हम इस जीवन को उत्साह और पूर्ण सन्तुष्टि से भरा जीवन जी सकते हैं। अपने स्वभाव एवं गुण-अवगुणों को पर्दे के पीछे छिपने वाले डर, शर्म, उदासीनता, या निराशा की परतों को उतारना हमारा अधिकार ही नहीं बल्कि कर्त्तव्य भी है। खुलापन एक आदर्श आरंभिक बिंदु के रूप में काम करता है और हमारे आत्मखोज और स्वीकृति की यात्रा पर हमेशा अग्रसर होने का स्थान है।

- ## नकारात्मक विश्वास और व्यवहार को नकारना

कुछ लोग अपने विश्वासों और विचारों पर इतनी प्रेम से आसक्त रहते हैं कि वे उनके विपरीत प्रमाण को नजरअंदाज कर जाते हैं और सच्चाई में रुचि नहीं रखते। ऐसे लोग अक्सर अपने जीवन भर रखे हुए असंख्य नकारात्मक और विकलांग दृष्टिकोण और विश्वासों के कारण विकट समस्याऐं झेलते हैं। इन समस्याओं का वास्तविक समाधान करने के लिए हमें स्वयं सभी पहलुओं का सामना करना और स्वीकार करना होगा चाहे वे हमने पहले इंकार कर दिया हो या नहीं।

- ## निश्चयात्मकता और आशावाद की शक्ति

अपने सपनों को साकार करने के लिए अपने और दूसरों के प्रति एक सकारात्मक दृष्टिकोण बनाए रखना महत्वपूर्ण है। आशावाद का अनुभव आपके जीवन पर गहरा प्रभाव डाल सकता है। दृढ़ निश्चयात्मकता को विकसित करने का एक प्रभावी तरीका यह है कि दूसरों के बारे में बुरा बोलने से बचें और उनके सकारात्मक गुणों को रेखांकित करने पर ध्यान केंद्रित करें। यह दृष्टिकोण आपको वास्तविक मित्रता का निर्माण करने में मदद करेगा और यहां तक कि आपके संभावी विरोधियों को भी सहयोगी बना सकता है जिससे उनके सकारात्मक गुण सामने आ सकें।

इस दृष्टिकोण को अपनाने से केवल दूसरों को ही नहीं, बल्कि व्यक्तिगत विकास को भी लाभ मिलता है और यह आपको अधिक समझने में मदद करता है कि कौन और किसका प्रभाव आपके सफलता में कैसी भूमिका निभाते हैं।

- ## कैरियर उन्नति के लिए व्यक्तिगत ब्रांडिंग का महत्व

चाहे आप किसी भी कैरियर के लिए मेहनत कर रहे हो, आपकी सबसे मूलभूत संपत्ति हमेशा आप ही रहोगे। जब कई लोग अपने लक्ष्यों को प्राथमिकता देते हैं और तेजी से आगे बढ़ने पर ध्यान केंद्रित करते हैं, वे अक्सर

अपने समूह, जिनमें उनकी ताक़तें, कमज़ोरियाँ,और व्यवहार शामिल होते हैं, और जिनका उनके आस-पास के लोगों पर क्या प्रभाव हो सकता है, का मूल्यांकन नहीं कर पाते। लेकिन प्रतिस्पर्द्धा में किसी को भी इस मूल्यांकन से छूट नहीं मिलती। व्यक्तिगत ब्रांडिंग केवल उद्यमियों और कार्यकारियों के लिए ही नहीं, बल्कि सभी के लिए उपयुक्त है। व्यक्तिगत ब्रांड बनाने से आपको अपने सपनों को पूरा करने में बड़ी मदद मिल सकती है।

- ## निरंतर अनुरुपता का महत्व

अपने सपने पूरे करने के लिएए अपने प्रयासों और व्यक्तित्व में अनुरुपता बनाए रखना महत्वपूर्ण है। इसका मतलब है कि अपने नाम या संपर्क विवरण को बार-बार बदलने से बचें, क्योंकि इससे आपके ब्रांड और पहचान पर असर पड़ सकता है। हालांकि विकसित होने और बढ़ने में कोई बुरी बात नहीं है, साल में कई बार अपने कानूनी नाम को बदलना नुकसानदायक हो सकता है। स्वयं के साथ सच्चे रहना और दूसरों की नकल न करना महत्वपूर्ण है। निरंतर अनुरुपता पहचान प्राप्त करने और अपने लक्ष्यों तक पहुंचने की चाबी है।

- ## स्वीकृति की शक्तिः पूर्णताभरे जीवन के लिए चुनौतियों का सामना करना एवं स्वीकार करना

पूर्ण संतुष्टि की चाबी आत्म स्वीकृति में है। चाहे हम कुछ भी करें, हम स्थायी पूर्णता नहीं ला सकते जब तक हमने अपने आप को स्वीकार नहीं किया है। वहीं, जब हम अपने आप को स्वीकार कर लेते हैं तब हमारे कार्य अधिक महत्वपूर्ण नहीं होते क्योंकि हम अंतर्निहित शांति और संतुष्टि पा लेते हैं। लेकिन आत्म-स्वीकार को कैसे विकसित करें? उत्तर है, जीवन की चुनौतियों का सामना उत्साह से करके।

हमें अपने कठोर अनुभवों को कम नहीं करना चाहिए न ही मानसिक दीवारों के माध्यम से कठिनाइयों से बचना चाहिए। बल्कि हमें वीरता और प्रतिरोध के साथ अपनी समस्याओं का सामना करना चाहिए। अपने संघर्षों को इन्कार

करके हम शांति नहीं पा सकते बल्कि उन्हें समाप्त करके ही शांति पा सकते हैं। ध्यान रखें कि आपकी जीवन में सफलता न केवल आपके मनोवृत्ति पर निर्भर करती है बल्कि आपके कौशल और योग्यताओं पर भी। चुनौतियों को ग्रहण करके और सुधार की कोशिश करके, आप नई ऊँचाइयों को छू सकते हैं।

• विकास के प्रति समर्पित रहनाः पूर्णता की चाबी

अपनी सफलताओं को हमेशा ध्यान में रखें उनको सीढ़ी की तरह इस्तेमाल करें और स्वयं को कहीं भी रुकने न दें! हमेशा नए सपनों को साकार करने के लिए सक्रिय रहें। ऐसा करके आप अपने जीवन में खुशियाँ भर सकेंगे।

• अनजानी अवधारणाओं को अस्वीकार करना

सामान्यतः सभी अवधारणाएं समान होती हैं। हालांकि अपने अतीत के कटु अनुभवों और अज्ञान के कारण हमें कुछ अवधारणाएं बेहद पसंद या घृणा करने पर विचलित करते हैं। दुर्भाग्यवश, कुछ ऐसी अवधारणाएं हैं जिन्हें पूरी मानवता ने अस्वीकार कर दिया है और उन्हें अपने मन के सबसे अंधेरे और सबसे दूरवर्ती कौनों में धकेल दिया है। हमें अपने विकास के लिए सकारात्मक अवधारणाओं को स्वीकार करना चाहिए।

• दृढ़ता की शक्ति

संभवतः मानवता की सबसे मजबूत गुणों में से एक विचार करने की क्षमता है। सपने पूरे करने की ओर प्रयत्नरत व्यक्तियों की असंख्य कहानियां इस तथ्य की पुष्टि करती हैं। यद्यपि इन सभी व्यक्तियों में से सभी करोड़पति न बने हां या न ही उन्होंने अपने व्यवसाय की शुरुआत की हो, लेकिन उन्होंने अपने लक्ष्यों को पूरा करने की दृढ़ शक्ति रखी थी।

- ## अनुकूलन और विकास

अपने सपने पूरे करने के लिए आपको अपनी परिस्थितियों से समायोजन करना और लक्ष्य के लिए प्रतिबद्ध रहना होगा और लगातार प्रयास करते रहना होगा। अपेक्षित परिणाम प्राप्त करने के लिए नए तरीके खोजने होंगे। यह महत्वपूर्ण है कि आप सक्रियता बनाए रखें और अपने प्रयास कभी न छोड़ने के लिए कटिबद्ध रहें, हमेशा अपने उत्साह को बनाये रखने के लिए आधार खोजते रहें ताकि आप अपने लक्ष्यों तक पहुंच सकें।

- ## अपने दुःखद अतीत को न भुलाऐं

उस समय के साहस और विकास को स्मृति में बनाये रखें। मानवीय स्वभाव के अधीन होकर हम कभी-कभी अतीत की परेशानियों को छुपा जाते हैं यह उचित नहीं है। जो परेशानियां हमें ज्यादा दुःखी करती हैं, उन्हें स्वीकार करने से यह बोझ हल्का हो सकता है। हम इतने बड़े परिवर्तन के लिए साहस कहां से प्राप्त करें? हम कैसे चुनौतियों को अपने व्यक्तिगत विकास के लिए उपयोग करें? इसके लिए कई मार्ग हो सकते हैं, परंतु यह देखना कि हम अपनी संघर्षों में अकेले नहीं हैं, पहला कदम है।

अतीत की उन परेशानियों को आप कैस निपटें, उस समय आपने साहस कैसे बटोरा और कैसे उभरे को अपनी स्मृति से बाहर नहीं आने देना चाहिए।

- ## सफलता के लिए पूर्णता का आभास करना

यह ध्यान रखना होगा कि आप एक पूर्ण व्यक्ति हैं, और आपकी जीवन में सफलता स्वयं को स्वीकार करने की आपकी क्षमता पर निर्भर करेगी। आपका सफलता हमेशा सरल नहीं होगी, और कभी भी आपको निराशा हो सकती है।

हालांकि धैर्य से अपने लक्ष्यों का पीछा करके, आप अपनी सर्वश्रेष्ठ सफलता को प्राप्त कर सकते हैं। ध्यान रखें कि हर सफल व्यक्ति के पीछे आम तौर पर कई वर्षों का कठिन परिश्रम और असफलताएं होती हैं।

सफलता का अर्थ अलग-अलग लोगों के लिए अलग-अलग हो सकता है, और बहुत से लोगों के लिए यह उनकी आर्थिक स्थिति द्वारा मापी जाती है। हालांकि, इस धारणा को चुनौती देना और सवाल करना जरूरी है कि किसी भी दुर्घटना या दैवीय आपदा के कारण धन से वंचित हो जाने से यह अर्थ निकालना उचित होगा कि वह कम सफल है। मेरी राय में, सफलता को आर्थिक समृद्धि से सीमित नहीं किया जा सकता है।

इसमें उस व्यक्ति का चरित्र शामिल हो सकता है जिसने अपनी जरूरतों का बलिदान करके यह सुनिश्चित किया है कि उनके बच्चे को कॉलेज की शिक्षा और बेहतर जीवन मिले या समाज में उसके ऊपर ऊंगली न उठा सके।

• गुणों का महत्व और उनके वैचारिक तत्वों की समझ

हमारे गुणों और अवगुणों से ही हमारे चरित्र, आर्थिक एवं मानसिक स्थिति पर प्रभाव पड़ता है। यह महत्वपूर्ण है कि हम पहचानें कि हमारे अंदर कौन-कौन से गुण अधिक हैं और हम कैसे अन्य गुणों को उत्पन्न, पोषित और विकसित कर सकते हैं। अपने गुणों की पहचान करना और उनमें सुधार करना हमारे व्यक्तिगत विकास, संबंधों और समाज पर सकारात्मक प्रभाव के लिए महत्वपूर्ण हो सकता है।

गुण वे गुण होते हैं जो अस्पष्ट होते हैं लेकिन व्यक्ति के चरित्र का एक मुख्य हिस्सा बन जाते हैं। कुछ गुण व्यक्ति को अनजान हो सकते हैं, लेकिन जब वे अपने सपनों की पुरस्कार्थी रूप से प्रयास करते हैं, तो वे चमत्कार कर सकते हैं। आप इन अज्ञात गुणों को उन गुणों के साथ जो आप पहले से जानते हैं मिला सकते हैं और स्वीकार कर सकते हैं कि आपके अंदर ऐसी गुण हो सकते हैं जिनके बारे में आपको ज्ञान नहीं है।

अब तक, मेरा ध्यान मुख्य गुणों पर था। हालांकि, ये गुण स्वयं में और भी अधिक बुनियादी वैचारिक तत्वों से मिलकर बने होते हैं। इन वैचारिक तत्वों की पहचान करके और उनके संयोजन का अवलोकन करके, व्यक्ति अपने दृष्टिकोण में प्रबल हो सकता है। यहां यह ध्यान देने योग्य है कि प्रत्येक गुण चार गुणों के समूह में आता है। चारों में एक साझा तत्व होता है। वह साझा तत्व चार गुणों से मिलकर बनता है।

उदाहरण के लिए बल स्थायित्व, कोमलता, धैर्य और लचीलापन में एक साझा वैचारिक तत्व है। स्थायित्व में व्यक्ति अपने आप से बाहर की ओर बल का प्रयोग करता है, कोमलता में व्यक्ति अपने आप में बल को संयमित करता है धैर्य में व्यक्ति बाहरी बल का सामना करता है, और लचीलापन में व्यक्ति बाह्य बल को स्वीकार करता है।

• नवाचार और सहनशीलता के माध्यम से धन की खोज

दीर्घकालिक धन और सफलता प्राप्त करने के लिए किसी को अपनी पूरी कोशिशों पर विचार करना चाहिए नए समाधानों की खोज करना चाहिए, और दृढ़ रूप से अपने दृष्टिकोण को बदलना चाहिए।

मुख्य विचारणीय बिन्दु

1. **उत्साह का बल:** उत्साह सफलता के लिए एक उत्प्रेरक होता है; अपने विशिष्ट व्यक्तित्व, समर्पण और ऊर्जा को अपने परियोजनाओं में श्रेष्ठता प्राप्त करने के लिए सर्वोत्तम ढंग से उपयोग करें।

2. **आत्मविश्वास का बल:** स्वयं पर विश्वास करना महत्वपूर्ण है; नकारात्मक विचारों को बदलें, सकारात्मक विचारों को अपनाएं, और अपने अवचेतन मन को अपने लक्ष्यों के साथ सामंजस्य बैठायें।

3. **लक्ष्य प्राप्ति के लिए विचारों को बदलना:** नकारात्मक विचारों का अनुश्रवण करें और चुनौती दें; अपने मानसिकता को बदल कर अपने लक्ष्यों को प्राप्त करने में विश्वास करें।

4. **अपनी विशिष्टता को पहचाने:** अपने सकारात्मक पहलुओं पर ध्यान केंद्रित करें, उपलब्धियों को स्वीकार करें, और सकारात्मक आत्म-छवि को पोषित करें।

5. **भय और संदेह:** अपने भय और संदेह को दूर करें, और उद्देश्य और प्रेम को ग्रहण करें।

6. **सकारात्मक सोच की सीमाएँ:** केवल सकारात्मक सोच ही सभी मुद्दों का समाधान नहीं कर सकती; प्रभावात्मक बदलाव के लिए अपने नकारात्मक पहलुओं पर भी ध्यान देना होगा।

7. **नकारात्मक विचार और दृष्टिकोण पर पुर्नविचार करना:** अपने नकारात्मक विचारों और दृष्टिकोण पर पुर्नविचार करते रहें और बदलती परिस्थितियों के अनुसार अपेक्षित बदलाव स्वीकार करें, यहाँ तक कि उन सभी मान्यताओं पर जिन्हें आप पूर्व में अस्वीकार कर चुके हैं पर भी पुर्नविचार किया जाना अभीष्ट है।

8. **सकारात्मकता और आशावाद का बल:** सकारात्मक दृष्टिकोण बनाए रखें, दूसरों के सकारात्मक गुणों पर ध्यान केंद्रित करें, और वास्तविक संबंधों को बढ़ावा दें।

9. **व्यक्तिगत छाप का महत्व:** अपने कौशल, शक्तियों, कमजोरियों और दृष्टिकोणों का मूल्यांकन करें; करियर की प्रगति के लिए व्यक्तिगत ब्रांडिंग स्थापित करें।

निष्कर्ष

धन और व्यक्तिगत सफलता प्राप्त करने के कई महत्वपूर्ण सिद्धांत हैं। नवाचार, उत्साह, आत्मविश्वास, सकारात्मक मानसिकता, अनूठापन को अंगीकार करना, आत्म-खोज और संगठन सुनिश्चित रखना। नए समाधानों की लगातार खोज के महत्व को सकारात्मक दृष्टिकोण से समझना, कार्यों में उत्साह और उनको व्यक्तिगत समझना, और अपनी क्षमताओं पर मजबूत विश्वास को रखना हमेशा लक्ष्यों की प्राप्ति में सहयोगी होता है। नकारात्मक विश्वासों और दृष्टिकोणों को बदलने, सकारात्मकता को अपनाने, और करियर की उन्नति के लिए व्यक्तिगत ब्रैंडिंग की भी महत्वपूर्ण भूमिका है।

हमें सकारात्मक सोच की सीमाओं का ध्यान रखना चाहिए और सच्ची व्यक्तिगत विकास के सभी पहलुओं का सामना करने की आवश्यकता को समझना चाहिए। प्रयासों में संघटन की बनाए रखने, पहचान प्राप्त करने के लिए और अपने लक्ष्यों को प्राप्त करने के लिए अपने आप को आत्मसात करने की आवश्यकता है। ये सिद्धांत सकारात्मक परिवर्तन की ओर बढ़ते हुए, व्यक्तियों को एक पूर्ण और सफल जीवन के लिए मार्ग प्रदर्शन कर सकते हैं। लेकिन यह तभी संभव होगा जब हम अपने स्वयं का प्रतिबिम्ब बना सकने में सफल हो जाते हैं। आत्म-प्रतिबिम्ब कैसे बनेगा पर विचार हम अगले अध्याय में करेंगे।

यदि किसी ने अपना कोई लक्ष्य सही रूप से तय किया है,
मान लीजिए कि सफलता के मार्ग को उसने आधा पार कर
लिया है।" - जिग जिगलर

• • • • • • • • • •

7

आत्म प्रतिबिंब की शक्ति

"मैंने असफल नहीं हुआ हूँ। मैंने 10,000 तरीकों को खोज लिया है जो काम नहीं करती।"

- थॉमस एडिसन

लहरी पहाड़ियों के बीच बसे एक छोटे से गांव में माया नाम की युवती रहती थी। सपनों से भरे उसके दिमाग में सीखने की उत्सुकता थी। छोटी सी उम्र में उसके आस-पास रहने वाले बड़े-बुजर्ग सज्जनों ने उसे बताया था कि उसका भविष्य तारों द्वारा पूर्वनिर्धारित हो गया है, और वह उसी मार्ग पर चलने के लिए बाध्य है। यद्यपि उनके सामने माया ने यह मान लिया कि निर्धारित सीमाओं से ज्यादा मांग करना व्यर्थ है, लेकिन वह अपने सपनों को साकार करने के लिए उत्साहित थी और उन्हीं सीमाओं में ज्यादा देर तक पाबन्द न रह सकी।

अपने अंदर ही अंदर माया ने परंपरा की पाबंदियों से मुक्त होने की उत्कट इच्छा महसूस की। एक दिन, जब वह इसी इच्छा के साथ गांव के एक तालाब की किनारे खड़ी थी, उसने अपने प्रतिबिंब में खुद को देखकर अपनी आँखों में संकल्प की एक झलक देखी। उसने महसूस किया कि उसने झूठी धारणाओं को पकड़कर रखा था जो उसे उसकी पूरी क्षमता को समझने से रोक रही थी। उसने आत्म-प्रतिबिंब को कई बार देखा था। उसने यह समय आ गया था कि उसे उन धारणाओं पर पुनर्विचार करना और अपना भविष्य खुद तय करना होगा।

माया ने आत्म-मंथन कर विकास की यात्रा निर्धारित की। उसने निकटस्थ विद्यालय और पास-पड़ौस में अपने सपनों से सम्बन्धित पुस्तकों की खोज की, विभिन्न संस्कृतियों, वार्ताओं और जीवनचर्या के तरीकों के बारे में जानकारी ढूंढ़ी। जानकारी के प्रत्येक अंश के साथ, उसने अपने दृष्टिकोण में परिवर्तन महसूस किया। माया ने सीखा कि उसका जीवन केवल तारों द्वारा नहीं नियंत्रित होता है, बल्कि यह चुनौतियों और उनका सामना करने के लिए किये गये कार्यों से आकार लेगा।

जैसे ही माया ने महान व्यक्तियों के जीवन और सभ्यता विकास के इतिहास का अध्ययन किया, उसको समझ आया कि मेहनत, समर्पण और उचित प्राथमिकताऐं ही सफलता के पथ-पत्थर हैं। उसने देखा कि महान अविष्कारक, कलाकार और नेताओं- सभी ने चुनौतियों और असफलताओं

का सामना किया है लेकिन प्रतिरोधकता और अड़चन में उनके असीम उत्साह ने उन्हें आगे बढ़ाया।

नई संकल्प के साथ माया ने अपने सपनों की पूर्ति के लिए कार्य करना आरम्भ किया। उसने अपने गांव और उसके लोगों की सुंदरता को तस्वीरों में दर्शाने के लिए एक कुशल कलाकार बनने का लक्ष्य रखा। उसने अपने लक्ष्य की प्राप्ति के लिए सुबह जल्दी उठकर और रात को देर तक काम करके, हर ब्रश की हर धार को अपने हार्दिक उत्साह के साथ प्रवर्तित किया।

माया की समर्पण को नजरअंदाज नहीं किया गया। गांव के बड़े-बूढ़े, जिन्होंने पहले उसके प्रयासों के प्रति संदेह जताया था, अब उसकी प्रतिभा और संकल्प को पहचानने लगे। उन्होंने महसूस किया कि माया उन झूठी धारणाओं से मुक्त हो रही है जिनसे उसे बाधित किया थाए और उन्होंने उसकी प्रयासों का समर्थन करना शुरू किया।

जैसे-जैसे माया के कौशल का समाचार फैलने लगा, वैसे ही उसका आत्मविश्वास भी बढ़ गया। उसने गांव के पंचायत भवन में एक कला प्रदर्शनी आयोजित की, जिसमें उसने अपने जीवन के गांव की महक और उसके लोगों की आत्मा को दिखाने वाली जीवंत दृश्यों का चित्रांकन किया। विशेष दर्शकों और आगंतुकों से प्रशंसा प्राप्त करते हुए उसकी प्रदर्शनी एक प्रशंसनीय सफलता बनी।

माया की यात्रा पूरी तरह से समाप्त हो गई, और उसने जो शिक्षाएँ प्राप्त की थी, उनपर विचार कियाऔर अपने गांव की अन्य युवतियों के लिए प्रशिक्षण कार्यक्रम चलाया। झूठी धारणाओं को छोड़ने से उसकी क्षमताओं के दरवाजे खुल गए थे। जागरूकता के साथ आचरण करने से उसने परंपरा द्वारा लगाई गई सीमाओं के परे देखने की क्षमता प्राप्त की थी। मेहनत, समर्पण और प्राथमिकता ने उसके सपनों को वास्तविकता में बदल दिया था। उत्साह और प्रतिरोधकता के साथ अपने सपनों का पीछा करने से उसे इस जीत की घड़ी में पहुंचाया था।

माया की कहानी दूर-दूर तक फैल गई, और दूसरों को अपनी खुद की झूठी धारणाओं का सामना करने और अपने जज्बातों को प्रोत्साहित करने के लिए प्रेरित किया। जब सूरज पहाड़ियों के पार डूबता है, माया की चित्रकलाओं पर गरम सुनहरा प्रकाश डालते हुए, उसके गांव का साक्षात्कार एक ऐसी शक्ति की प्रमाणिक तस्वीर बन गया, जो छोड़ने, सीखने और अपनी असली क्षमता को ग्रहण करने की शक्ति को दर्शाता है और नयी पीढ़ी को उत्साहित करता है। माया ने अपनी विकास यात्रा में निम्न निर्देशों को आत्मसात किया था।

- ## अपनी क्षमताओं के भरपूर उपयोग के लिए गलत धारणाओं का पुनर्मूल्यांकन

गलत धारणाओं पर पुनर्विचार कर उन्हें दुबारा समझने और छोड़ने से आप अपने विकास की बाधाओं को हटा सकते हैं। कुछ धारणाएँ शीघ्र गायब हो सकती हैं जबकि कुछ धीरे-धीरे गायब होती हैं। सत्य की ओर खुली दृष्टि रखने पर आप साक्ष्य का मूल्यांकन करने में बेहतर सक्षम होंगे और आत्मसीमित धारणाओं से बच सकेंगे। यह आपको स्वयं को स्वीकार करने और संगठित होना आसान बनाता है, जिससे आप अपने सपनों की प्राप्ति में अधिक सफलता प्राप्त कर सकते हैं।

अपने स्वयं के और आपके आस-पास की दुनिया के बारे में किसी भी गलत विचार को छोड़ देना महत्वपूर्ण है और जो कोई आपको आपकी पूरी क्षमता को पहचानने से रोक रहे हैं, उन आंतरिक तनावों को क्षमा करना भी उचित होगा। जैसे ही आप ऐसा करते हैं, अपने-आप को कुछ नया और अलग महसूस करेंगे। आपको लगेगा कि आप में कुछ अज्ञात गुणों का समावेश हो गया है। जैसे ही ये अतिरिक्त अज्ञात गुण आपके व्यक्तित्व का हिस्सा बनते हैं, आप आत्मबल में वृद्धि महसूस करेंगे। अपने आंतरिक संवाद को ध्यान से सुनें, मन में आने वाली सभी छवियों या भावनाओं पर ध्यान दें, क्योंकि वे सहायक दृष्टिकोण या प्रेरणा प्रदान कर सकते हैं। सोचें कि सभी गुण एक पूर्ण सामंजस्य में चमक रहे हैं।

आपके जीवन की विशिष्ट परिस्थितियाँ आपको दुनिया में मूल्यवान योगदान करने की क्षमता प्रदान कर चुकी हैं, और अगर आप कदम नहीं उठाते हैं, तो कोई अन्य व्यक्ति उस खाई को भरने में समर्थ नहीं होगा। सबसे बड़ी गलती में से एक यह है कि लोग उन्हें पसंद नहीं आने वाले काम के लिए बस बैठ जाते हैं, जहाँ पर वे अपने अधिकांश सक्रिय समय बिताते हैं। याद रखें, आपके काम का आनंद लेना भी महत्वपूर्ण है।

• जागरूकता एवं सक्रिय चेतना के साथ व्यवहार करना

अपने सपनों की प्राप्ति के लिए प्रयास करते समयए यह महत्वपूर्ण है कि आप स्वयं के साथ ऐसा व्यवहार करें जैसे पूरी दुनिया आपके हर कदम की परवाह कर रही हो। यह दृष्टिकोण आपके जीवन कैसे जीने की दिशा में एक मार्गदर्शक सिद्धांत के रूप में काम करेगा। यह हमेशा आपको याद दिलाता रहेगा कि हर क्रिया जो आप करते हैं, आपके लक्ष्य प्राप्त करने की ओर एक कदम करीब ले जाएगी। दूसरों के प्रति आपका व्यवहार इतना महत्वपूर्ण है, कि यह एक दीर्घकालिक प्रभाव डाल सकता है। आपकी मित्रात्मक व्यवस्था सकारात्मक प्रभाव छोड़ सकती है, जबकि कठोरता न केवल उस व्यक्ति पर गहरा प्रभाव डाल सकती है, बल्कि आपकी प्रतिष्ठा पर भी हानिकारक प्रभाव डाल सकती है। यह महत्वपूर्ण है कि आप याद रखें कि अच्छे काम पूरी दुनिया में सकारात्मकता को फैला सकते हैं, जबकि नकारात्मक क्रियाएँ और भी अधिक फैल सकती हैं और उस समय जब आप अपने सपनों को साकार करते हैं, तो इस पर विशेष ध्यान रखें।

जागरुकता के साथ आपको अपनी चेतना के साथ सक्रिय रहना होगा।यदि आप अपनी चेतना को बढ़ाने में लगे रहें तो यह वास्तविक आंतरिक औषधि की तरह काम कर सकती है। आपके अस्पष्ट चेतना क्षेत्रों को प्रकाश में लाने और उन्हें राहत प्रदान करके आप अपनी मूल पूर्णता को प्राप्त कर सकते हैं। साथ ही इस प्राथमिक दृष्टिकोण में पूरक तकनीकों का उपयोग भी किया जा सकता है जो आपकी अस्पष्ट चेतना का उपयोग करके जीवन में लाभकारी परिवर्तन लाने में मदद कर सकते हैं।

हमारी आदतों और विश्वासों को बदलना सीखकर हम उन्हें समाप्त करने के प्राथमिक उद्देश्य की मदद कर रहे हैं। ये परिवर्तन हमें आदर्श वैशिष्ट्यक मैट्रिक्स के साथ समरेखित होने की दिशा में होने चाहिए। हम इन तकनीकों को सफलतापूर्वक लागू करने से संतोष प्राप्त करते हैं लेकिन हमें हमेशा याद रखना चाहिए कि परम लक्ष्य अपनी चेतना को विस्तारित करना है। हमें सकारात्मक विश्वासों और आदतों के साथ संतोष प्राप्त करने की बजाय उन्हें एक अस्थायी माध्य या एक सीमा पार करने वाले पत्थर/पुल के रूप में देखना चाहिए।

• कड़ा परिश्रम, समर्पण और प्राथमिकताएं

मनुष्य की बुनियादी इच्छाओं की पूर्ति की जिम्मेदारी हमारे समाज में उसके जनक/पालक तब तक उठाते हैं जब तक वह स्वयं आत्म निर्भर होने योग्य बड़ा नहीं हो जाता। लेकिन उसके अपने सपनों को पूरा करने के लिए उसको अपने स्तर पर कड़ी मेहनत करनी होगी और पूर्ण समर्पण की आवश्यकता होती है। यह याद रखना महत्वपूर्ण है कि शान्त समुंदर पर नाव चलाकर कभी एक कुशल नाविक नहीं बना जा सकता। सफलता पाने के लिए संघर्ष करना होगा, आपको अपने काम को संयोजित करना होगा और प्राथमिकताएँ स्थापित करनी होंगी। लक्ष्यों और प्राथमिकताओं की एक सूची बनाना, आपको अपने सपनों की प्राप्ति की दिशा में सुगमता से समयबद्धता के साथ पहुंचने में मदद कर सकता है।

जीवन की तुलना एक हीरा तराशने वाले पत्थर से की जा सकती है। यह हमें या तो कमजोर बना सकता या हमें चमका सकता है यह हमारे दृष्टिकोण पर निर्भर करता है। यह हर एक की जिम्मेदारी है कि वह अपने अनुभवों को कैसे देखते हैं। किसी जेल की सलाखों से बाहर देख रहे ठिठुरते हुए उन दो बन्दिओं की तरह दृष्टिकोण अलग-अलग हो सकते हैं। उनमें से एक मिट्टी को देखता है जबकि दूसरा तारे देखता है। कुंजी यह है कि आपको पहचानना है कि अवसर कहाँ है, चाहे वो जितनी भी कठिन मेहनत के रूप में छिपा हो।

सफलता में निष्ठा, गर्व और सहनशीलता की मांग होती है। अगर हम स्वयं में विश्वास करें और कभी हार न मानें, तो हम विजेता बन सकते हैं। विजय की कीमत महंगी हो सकती है, लेकिन पुरस्कार भी। याद रखें, कुछ भी बिना प्रयास किए नहीं मिलता। थाली में रखा भोजन भी हमें स्वयं ही उठा कर खाना होगा।

अपने सपनों को पाने के लिए प्रत्येक दिन को ऐसे दृष्टिकोण से देखें कि यह आपका आखिरी दिन हो सकता है। कोई भी पत्थर अनछुआ न छोड़ें और कोई भी शब्द अनकही न छोड़ें। अपने लक्ष्यों की ओर कदम उठाएं और परिपूर्ण पल का इंतजार न करें। यह स्वीकार करें कि प्रत्येक दिन प्रगति करने का एक अवसर है।

याद रखें कि आप अतीत को बदल नहीं सकते, लेकिन आपके पास आने वाले भविष्य पर अभी भी नियंत्रण है। यह आप पर निर्भर करता है कि कल आप जीतते हैं या हारते हैं। हर व्यक्ति के पास महान विचार होते हैं, लेकिन वे व्यक्ति ही सफल होते हैं जो सक्रिय रहते हैं।

सफल होने के लिए आपको मेहनत करना अपनी आदत बनानी होगी। सक्रिय रहकर और अपने लक्ष्यों पर केंद्रित रहकर खुद को प्रेरित रखें। प्रेरणा आपको अच्छी शुरुआत दे सकती है, लेकिन आपकी दैनिक आदतें ही आपको अंत तक ले जाएंगी।

- ## उत्साह एवं लचीलेपन के साथ सपनों को साकार करने के लिए कार्य करना

आपको सुनिश्चित करना चाहिए कि आपकी महत्वाकांक्षाएँ आपके सपनों के अनुसार हों। कोई भी महत्वाकांक्षा दूसरों के सपनों के आधार पर नहीं बनाई जानी चाहिए क्योंकि आप अपने सुखदायकों, माता-पिता, दोस्तों या किसी और के द्वारा आप पर थोपी गई महत्वाकांक्षाओं या लक्ष्यों के प्रति समर्पण नहीं कर पाएंगे। आपके सपने या महत्वाकांक्षाएँ केवल आपकी होनी चाहिए, ताकि आप उत्साह डाल सकें।

अपने सपनों को प्राप्त करने के लिए यह महत्वपूर्ण है कि आप उन्हें जीवित और असीमित रखें, क्योंकि वे आपकी आत्मा की धड़कन और स्वतंत्रता को प्रतिनिधित्व करते हैं।

कठिनाइयों का सामना करने से डरने की बजाय यह आपकी छिपी हुई प्रतिभाएँ उजागर कर सकती है, जो समृद्धि के समय अनुशासित रहने पर अनुपस्थित रह जातीं।

एक बार जब आपने अपने सपनों को साकार करने कादृढ़ निर्णय लिया है, तो आप अपने मार्ग को पहचान सकेंगे क्योंकि यह आप में सफलता प्राप्त करने के लिए आवश्यक ऊर्जा और रचनात्मकता से भर देगा।

अपने सपनों के प्रति उत्साह विकसित करना महत्वपूर्ण है क्योंकि यह महानता प्राप्त करने के लिए आवश्यक प्रयास की प्रेरणा होती है।

• महान व्यक्तिओं और इतिहास की सफलताओं और असफलताओं से सीखना

सफलता प्राप्त करने का एक प्रभावी तरीका यह है कि सफल लोगों के कार्यों का अवलोकन करके अपने कार्यों में सुधार कर आगे ले जाना। मैं न केवल महान व्यक्तियों के साहित्यिक मूल्यों के लिए, बल्कि उनके अनुभवों में उनके दृष्टिकोण प्राप्त करने के लिए भी उनकी जीवनी पढ़ने में आनंद लेता हूँ। इतिहास ज्ञान का एक खजाना है और उसे अध्ययन करके हम जो गलतियाँ हमारे पूर्वजों ने उस समय की थी उन से बच सकते हैं।

बेंजामिन फ्रैंकलिन एक प्रसिद्ध विद्धान, राजनीतिज्ञ, और आविष्कारक थे जिन्होंने अमेरिकी मूल्यों को आकार देने में महत्वपूर्ण भूमिका निभाई। उन्होंने कुछ गुणों की सूची तैयार की जिन्हें वह अमेरिकन जीवन में मुख्यत: चाहते थे। खुद को सुधारने के लिए उन्होंने एक समय में एक गुण पर ध्यान केंद्रित किया, तब तक प्रगति और हानियों को अपनाया किया जब तक उन्होंने उनमें पूरी तरह विशेषज्ञता प्राप्त नहीं कर ली। उन्होंने सभी गुणों

के लिए यह प्रक्रिया दोहराई और आखिरकार सफलता प्राप्त की। आज उनके समर्पण और सतत् परिश्रम के कारण फ्रैंकलिन को इतिहास का एक महान व्यक्ति माना जाता है। उनकी कहानी हमें लक्ष्य तय करने और उनकी निर्देशित दिशा की ओर सतत् प्रयास करने का महत्व सिखाता है क्योंकि धैर्य की कमी के कारण बहुत से लोग कभी अपने पूरे परिणाम तक पहुँच नहीं पाते।

आपके भीतर सभी ज्ञान और गुण पूर्ण रूप में मौजूद हैं। हालांकि जब आप खुद के विभिन्न पहलुओं को स्वीकार नहीं करते हैं तो बुराई, असंतुलन, कायरता और कमजोरी जैसे अनेक अवगुण उत्पन्न होते हैं। अपने आप के सभी हिस्सों को ग्रहण और एकीकृत करके आप अपने दैनिक जीवन में गुणों को पैदा कर सकते हैं। केवल अपने अपने सभी पहलुओं को मान्यता देने और उन्हें अपने जीवन में फिर से शामिल करने से ही गुणों का विकास हो सकता है।

अपने सपनों को पूरा करने के लिए आपको निम्नलिखित गुणों को विकसित करना महत्वपूर्ण है:

- **स्वीकृतिः** उन दैवीय परिस्थितियों को स्वीकार करना जिन्हें आप बदल नहीं सकते और उन्हीं में से संतोष पाने की क्षमता।

- **साहसः** बिना किसी भय के गलत प्रथाओं के खिलाफ खड़े होना, सामने आये खतरों, चुनौतियों और कष्टों का सामना करना।

- **सतर्कताः** अविवेकी निर्णयों से बचने और सुरक्षा को प्राथमिकता देने की क्षमता।

- **जिज्ञासाः** एक उत्सुकता जो ज्ञान प्राप्त करने की इच्छा को प्रोत्साहित करती है।

- **निर्धारणः** अपने लक्ष्यों को निर्धारित करना।

- **समर्पणः** किसी लक्ष्य या व्यक्ति के प्रति भरपूर निस्वार्थ प्रेम/वफादारी।

- **विवेकः** सतर्कतापूर्ण गम्भीर विचारविमर्श के साथ संवाद करना।

- **उत्साहः** अपने प्रयासों के प्रति पूर्ण उत्साह।

- **परिश्रमः** परिस्थितियों के अनुरूप अनुकूल कार्य करना और अपने लक्ष्यों को प्राप्त करने के लिए उनमें आवश्यक परिवर्तन करने की क्षमता।

- **ध्यानः** आपके लक्ष्यों की ओर एक दत्तचित्त जागरूकता और प्रयास।

- **क्षमाः** उनके प्रति जिनसे आपको अनायास बिना किसी पूर्व षडयन्त्र के नुकसान पहुंचा। उनके प्रति क्रोध या कड़वाहट को छोड़ने की क्षमता।

- **उदारताः** दूसरों को स्वतंत्रता देने की इच्छा।

- **सौम्यताः** एक दयालु और सहानुभूतिपूर्ण स्वभाव।

- **कृतज्ञताः** आपको जो कुछ मिलता है या जो आपके पास कुछ है उसके के लिए प्रशंसा और सहर्ष आभार प्रकट करना।

- **ईमानदारीः** दूसरों के साथ अपने संवाद में सत्यता और प्रामाणिकता की प्रतिबद्धता।

- **विनम्रताः** अभिमान का त्याग और दूसरों से सीखने की इच्छा।

- **हास्य-विनोदः** अपने स्वभाव को विनोदमय और हास्यपूर्ण बनाये रखना ताकि आपके सम्पर्क में आये लोगों को आपके सानिध्य में

आनंद मिले।

- **निष्पक्षता:** दूसरों के साथ अपने व्यवहार में निष्पक्ष रहने की क्षमता।

- **न्याय:** तार्किक क्रियाओं के प्रति योग्य प्रतिक्रिया देने की प्रतिबद्धता।

- **दया:** दूसरों के प्रति उनकी कठिनाईयों के समय एक अच्छा और दयापूर्ण व्यवहार करना।

- **प्रेम:** दूसरों के प्रति गहरा और कोमल भावना।

- **निष्ठा:** किसी व्यक्ति या कारण की प्रति दृढ़ निष्ठा।

- **महानता:** एक महान और प्रभावशाली गरिमा बनाए रखना ताकि लोगों को आपके अन्दर किसी विशिष्टता का आभास हो।

- **मध्यमता:** किसी भी विवाद में जिनमें आप स्वयं सम्मिलित नहीं है के समय अपने कार्यों और विचारों में संतुलन बनाए रखने की क्षमता।

- **आज्ञा पालन:** वरिष्ठ लोगों के आदेश का पालन करने और उसे करने की इच्छा।

- **खुला मन:** पूर्वाग्रह की अनुपस्थिति और विभिन्न दृष्टिकोणों की प्रति ग्रहणशीलता और खुले मन से और ईमानदारी से बातचीत करने की तैयारी और इच्छा।

- **धैर्य:** विलंब, संकट, दर्द या कठिनाई को सहने की क्षमता।

- **शांति:** मानसिक अशांति से मुक्ति और संतोष।

- **सावधानी:** योजना बनाने और बुद्धिमत निर्णय लेने की क्षमता।

- **विश्वसनीयता:** एक निर्भर और विश्वसनीय स्वभाव।

- **जवाबदेही:** उपयुक्त घटनाओं को नियंत्रित करने और उसके लिए जवाबदेह होने की क्षमता।

- **संवेदनशीलता:** दूसरों की भावनाओं और आवश्यकताओं के प्रति संवेदनशीलता।

- **सादगी:** ढोंग और भ्रम से मुक्ति।

- **प्रामाणिकता:** संबंधों में ईमानदारी और प्रामाणिकता।

- **स्वभाव:** गंभीरता, भव्यता और शान्ति।

- **दृढ़ता:** अपने लक्ष्यों के प्रति दृढ़ता और प्रतिबद्धता।

- **सीधापन:** स्पष्ट और सादे संवाद।

- **शक्ति:** शक्ति और लचीलता की अद्भुत क्षमता।

निष्कर्ष:

आत्मावलोकन की शक्ति आपको अपनी पूर्ण क्षमता को समझने में मदद करती है। झूठी धारणाओं को छोड़ना व्यक्तिगत विकास के लिए आवश्यक है जोकि परिस्थितियों का बेहतर मूल्यांकन और आत्म-सीमित विचारों से बचाव की संभावना को सक्षम करता है। दूसरों के प्रति जागरूकता और दया के साथ व्यवहार करना, सपनों की प्राप्ति में एक महत्वपूर्ण पहलू के रूप में उजागर होता है। मेहनत, समर्पण, और प्राथमिकता पर जोर दिया गया है। सफलता में सतत् प्रयास और सहनशीलता की मांग होती है। उत्साह और सहनशीलता के साथ सपनों का अनुसरण करना और सच्चाई बनाए रखने

की प्रेरणा दी जाती है। सफल व्यक्तियों और इतिहास से सीखना के साथ ही आत्म.स्वीकृति और एकीकरण के महत्व को समझना, चेतना का विस्तार करने और महानता प्राप्त करने की कुंजियाँ हैं। ये कुंजियां आप अपने दृढ़ विश्वास के साथ प्राप्त कर सकते हैं। दृढ़ विश्वास किस प्रकार विकसित करें पर हम अगले अध्याय में विचार करेंगे।

“बाधाएँ आपको रोक नहीं सकती। समस्याएँ आपको रोक
नहीं सकती। सबसे अधिक, दूसरे लोग आपको रोक नहीं
सकते। केवल आप ही आपको रोक सकते हैं।“
- जेफ्री गिटोमर

• • • • • • • • • • •

8

संकल्प और सहनशीलता की शक्ति

Image by storyset on Freepik

"जो व्यक्ति आप हो सकते थे, उसके बनने में कभी देर नहीं होती।" - जॉर्ज एलियट

कुछ वर्ष पहले, मुझे उस नौकरी से, जिसे मैंने अपने जीवन एवं परिवार के लिए अच्छी और सुरक्षित माना था, एक दिन अचानक बिना किसी अपराध के बर्खास्त कर दिया गया और मेरी प्रतिष्ठा को कलंकित कर दिया गया। मैं हतप्रभ था। मुझे निकालने से पहले एक वर्ग ने मेरे कार्यों में बेबुनियादी दोष निकालने आरम्भ कर दिये थे। बाद में यह स्पष्ट हो गया कि यह मुझे विशेष हितों वाले व्यक्तियों द्वारा निकालने की सोची समझी साजिश थी।

इन अप्रत्याशित घटना के चलते मेरे सुखी परिवार को झटका मिला और मुझे यह सवाल करने पर मजबूर किया कि क्यों मुझे उस भ्रष्टाचार और अन्याय के खिलाफ खड़े होने की सजा मिल रही है। मैंने कोशिश की थी कि अपने-आपको को संभाल कर कहीं और रोजगार प्राप्त करूं, लेकिन बार-बार असफलता का सामना करना पड़ा।

हर रोज की तरह एक दिन मैं काम की तलाश में अपनी कार खड़ी कर एक कार-पार्किंग में एक सम्भावित नियोक्ता की प्रतीक्षा में बैठ हुआ था कि एक आदमी मेरी तरफ आया। अभिवादन की औपचारिकता के बाद उसने बातचीत शुरू की। वह एक दिलचस्प व्यक्ति था, उसने बताया कि वह 1960 के दशक में विश्व सीरीज कवर करते समय खेल प्रसारणकर्ता के रूप में अच्छा समय बिताया। उनकी याददाश्त नाम और आँकड़ों के लिए अत्यधिक थी, और उनकी आवाज़ अद्भुत थी। हालांकि, सबसे आश्चर्यजनक बात यह थी कि वह बेघर था, और इस समय वह एक ट्रक में अपना जीवनचर्या का सामान रखे हुए सड़कों पर रहता था।

उसने मुझे बताया कि वह जीवन के दैनिक संघर्षों और चुनौतियों से थक गया था और किसी भी प्रकार के कार्य में अपने आप को उपयुक्त नहीं समझ पा रहा था। उसने सब कुछ खो दिया था और अब वे सड़कों पर अपने इच्छा के आधार पर या यह कहें कि मजबूरी से रह रहा था। अब वह अपने अनुभवों के आधार पर एक स्थानीय पत्रिका में लेख लिखता है ताकि उसको खाने-पीने के लिए किसी निःशुल्क भोजनालय की तलाश नहीं करनी पड़ती।

हालांकि मैं भी मुश्किल समय में था, लेकिन मेरी स्थिति उनके स्तर तक कभी नहीं पहुँची थी क्योंकि उस समय मेरे पास अपना एक मकान था। मगर मैं भयभीत हो गया कि यदि एक लम्बे समय तक मुझे काम न मिला, बुनियादी आवश्यकताओं को पूरा करने के लिए शायद यह मकान भी बेचना पड़ जाये। उसकी बातों से प्रभावित होकर अपने जीवन को बदलने का निर्णय लेने के लिए मैंने अपने दिनों को बिताने के लिए एक पुस्तकालय खोजने का प्रयास किया। सौभाग्यवश स्थानीय विश्वविद्यालय में मुझे सदस्यता भी मिल गयी। वहां आरामदायक कुर्सियाँ थीं और काफी पुस्तकें थीं जो मेरी रुचि की थीं। मैंने वहां काफी समय बिताया और विभिन्न आत्म-सहायता तकनीकों जैसे आत्म-वार्तालाप और प्रेरणा तकनीकों में खुद को डुबोकर देखा।

मेरे पास बहुत समय था और मैं अपने जीवन में सकारात्मक बदलाव करने के लिए समर्पित था। बिक्री और प्रेरणा पर लोकप्रिय किताबों में डुबने के बाद, मैंने एक सेल्समैन की नौकरी ली, लेकिन लगभग दो साल तक एक पैसा भी नहीं कमा सका। यह एक कठिन पीरियड था जिसमें मुझे दोस्तों और अपनी कार में ही ज्यादा समय बिताने की आवश्यकता पड़ी।

औद्योगिक क्षेत्र में वापस आकर, यद्यपि मैंने एक निम्नस्तरीय पार्ट-टाइम नौकरी पाई जिसके कारण एक ताजगी भरे दृष्टिकोण के साथ अपने जीवन को बदलने का निर्णय ले सका। मैं अपने पास उपलब्ध समय को वर्गीकृत करने की बजाय अपने भूतकाल पर ध्यान केंद्रित करने लगा कि कहां मुझे क्या मिल सकता था। अपने पूर्व अनुभवों से प्रेरित होकर, मैंने मददगार नोट्स और प्रेरणादायक मार्गदर्शिकाएं बनाई और उन्हें उनके आस-पास के लोगों के साथ साझा करने के लिए मुफ्त परामर्श के रूप में प्रस्तुत किया।

जैसे-जैसे लोग मेरे सलाह से लाभान्वित होते गए वे मुझे नकद या अन्य प्रकार से कुछ मेहनताना प्रदान करने लगे। एक दोस्त ने मुझसे यह अनुरोध किया कि मैं उन्हें पेशेवर सलाह देने के लिए प्रति घंटे या कार्य के आधार पर सलाह प्रदान करूं जो मेरे लिए एक परिवर्तन का संकेत था। मुझे यह समझ आया कि मेरे पास कुछ मूल्यवान चीजें हैं और मैं सलाहकार बन गया।

अपने कौशल और ज्ञान को सुधारने के लिए, मैंने समय देकर जीवनियों और प्रेरणादायक साहित्य की पढ़ाई की। इन स्रोतों से मैंने सफल लोगों के विश्वासों और दृष्टिकोणों को जाना और उन्हें आत्म-निर्देशिकाओं में बदल दिया। मैंने इन निर्देशिकाओं को रिकॉर्ड किया, जिनके पीछे विशेष मधुर संगीत बज रहा था ताकि एक पेशेवर सेटअप बन सके।

मेरी आवश्यकता और कुछ भी करने की इच्छा के बावजूद मैं जानता था कि जैसे ही मैं खुद को एक सफल प्रबंधन परामर्शकर्ता के रूप में स्थापित कर लूंगा मुझे फिर से किसी तुच्छ बहाने पर बर्खास्त नहीं किया जाएगा। कुछ दिनों में मैंने एक महत्वपूर्ण परिवर्तन का अनुभव किया। मैं अपनी मूल निम्न स्तरीय पदनाम में ही नहीं बल्कि नियोक्ता की अन्य इकाइयों को प्रबंधित करने में संघटित कार्यक्रमों की समस्याओं को सुलझाने के इस नये काम में दिन-रात लगे रहने लगा।

जल्द ही मैं संभावित ग्राहकों को कॉल करने और सफलता प्राप्त करने में सफलता प्राप्त करने लगा। मैं विभिन्न व्यक्तियों की समस्याओं को सुनते हुए मानव मनोविज्ञान की गहरी समझ प्राप्त करने लगा। नियोक्ताओं के लिए उत्पादन और पुरस्कारों के लिए अलग प्राथमिकताएँ होती हैं जबकि कर्मचारियों की अपनी स्वयं की प्राथमिकताएँ होती हैं। मुझे दोनों पक्षों को आपसी समझौते पर मजबूर करना था ताकि उत्पादन प्रभावित न हो। मैं मूल रूप से अपने विचारों के बेचनेवाला बन गया और मैं खुशी महसूस करता हूँ कि मैं अपने परिवार का संवाददाता बन सका और अपनी नीची नौकरी को पीछे छोड़कर सात दिनों के सप्ताह में काम करने वाले एक पूर्णकालिक प्रबंधन परामर्शकर्ता बन गया।

मुझे सामाजिक नेटवर्क को बढ़ाने का कोई अवसर गवाने की आवश्यकता नहीं है। मैं खुद का प्रचार नहीं करता और मैं अपने पूर्व कार्यों से संदर्भ प्रदान नहीं करता। मेरे पूर्व ग्राहक खुद इसे करते हैं और मैं बस संभावना होते ही उनकी पूछताछ का उत्तर देता हूँ। यदि आवश्यक हो तो मैं समस्याओं

के समाधान की तलाश में आने वालों के साथ और चर्चा करने का समय निकालता हूँ।

40 सालों के बाद मैंने सीख लिया कि मेरे मित्र और दुश्मन कौन हैं और कैसे दुश्मनों को मित्रों में बदला जा सकता है। हैं। मैं मानता हूँ कि यदि आप संकल्पबद्ध हैं और असंभावना को संभावना में बदलने के तरीके खोजते हैं तो कुछ भी संभव है। कभी-कभी हम ऐसी मानसिक रुकावटें बना लेते हैं जो हमें पीछे खींच लेती हैं लेकिन हम उन्हें रचनात्मक रूप से सोचकर और खुद की अध्ययन करके पार कर सकते हैं।

विशेषज्ञों से अध्ययन करके और सीखकर हम अपने लक्ष्यों को प्राप्त कर सकते हैं और सफलता की एक चक्रवृद्धि प्रक्रिया को बना सकते हैं। हम सभी के पास असीमित संभावनाएं हैं और कुछ आत्म-मूल्यांकन के साथ हम गरीबी या संसाधनों की कमी जैसी बाधाओं के बावजूद अपने सपने को पूरा कर सकते हैं।

मैनें अध्ययन करने और संघर्ष करने की अपनी आदत को बनाये रखा। आखिरकार मेरी दृढ़ता ने फल दिया और मैंने अपने कैरियर में सफलता प्राप्त की। पीछे मुड़कर, मैंने यह सीखा कि दिक्कतें अपने लक्ष्यों के प्रति समर्पित रहकर और अपने आप को निरंतर सुधारते रहकर पार की जा सकती हैं। चलिए, हम आगे बढ़ते रहें, प्रकाश की ओर बढ़ते रहें। अपने अनुभवों को अपनी सफलता के लिए मैंने निम्न कारकों पर ध्यान दिया था।

• सफलता के मार्ग पर सहयोग और लचीलापन

अपने सपनों को पूरा करने के लिए हमें अटल संकल्प और उसके लिए स्पष्ट दृष्टिकोण की आवश्यकता है जिसे हम प्राप्त कर सकते हैं। पिछली गलतियों के बावजूद हमें निराश होने का कोई कारण नहीं होना चाहिए क्योंकि हर क्षण एक नई शुरुआत के लिए एक नया अवसर प्रस्तुत करता है। हार और बाधाएँ सिर्फ सफलता के मार्ग पर अस्थायी रुकावटें होती हैं। हम आत्मविश्वास के साथ अपने लक्ष्यों की ओर बढ़ते हैं। हमें चुनौतियों का सामना कर सकता है,

लेकिन हमें याद रखना चाहिए कि हर बाधा में एक बराबर या उससे अधिक लाभ की संभावना होती है।

• आत्म-विश्वास और शांतिपूर्ण सहसंघटन की शक्ति

वे जो खुद पर विश्वास करने का साहस दिखाते हैं और अपने जीवन को नियंत्रित करते हैं, वे समूह में अलग ही दिखाई देते हैं और आपको उन्हें पहचान लेना चाहिए। सफलता प्राप्त करने के लिए प्रायः नियमित प्रयास और एक शांतिपूर्ण दृष्टिकोण की आवश्यकता होती है, उस के लिए आप अनावश्यक वाद-विवादों को उत्पन्न न होने दें और यदि हैं तो उन्हें जल्दी से जल्दी समाप्त कर देना चाहिए। अगर आप अपने संवाद में कुशल हैं, आप चाहें तो अपने दुश्मनों को भी दोस्त बना सकते हैं । आपकी सफलता सुनिश्चित हो जायगी यदि आप अपने संकल्पों में मजबूती बनाये रखते हैं। आपको स्वयं में विश्वास करने और अटल संकल्प के साथ अपने लक्ष्यों की पूर्ति करने के लिए दृढ़ प्रतिज्ञ होना होगा।

• संकल्प और प्रतिरोध की शक्ति

अपने लक्ष्यों को प्राप्त करने के लिए शिक्षा, प्रशिक्षण, नए स्थानों की खोज, विशेषज्ञों से मार्गदर्शन प्राप्त करना, नवीनतम उन्नतियों के साथ अपडेट रहना आदि जैसे विभिन्न साधनों के माध्यम से आप अपने प्रतिभाओं को विकास कर सकते हैं। हर किसी के पास समान प्रतिभाएँ नहीं हो सकती, लेकिन उन्हें अपनी क्षमताओं को बढ़ाने के लिए समान अवसर होने चाहिए। यदि अवसर सहज रूप से उपलब्ध नहीं हैं, तो उन्हें बनाने के तरीकों की तलाश करनी चाहिए। कुछ प्राप्त करने के लिए प्रयास आवश्यक होते हैं। किसी काम को अच्छे से करना और उसे तेजी से कैसे किया जाये महत्व का आंकलन करना महत्वपूर्ण है।

अगर आप हर छोटे से काम को, हर ग्राहक के साथ हर संवाद को, अपने व्यक्तिगत जीवन में हर भूमिका को अपनी योग्यता के सर्वोत्तम स्तर पर करते हैं, आपके प्रयास में आये छोटे से अंतर आपके जीवन के परिणामों में बड़ा

अंतर पैदा हो सकता है। कई लोग मानते हैं कि वे सहायता से परे हैं, लेकिन अक्सर महान सफलता और खुशी प्राप्त करने के लिए थोड़े से और प्रयासों की ही जरूरत होती है।

मेरे घर के पिछवाड़े में एक खूबसूरत चिनार का पेड़ है, मुख्य इमारत से लगभग 15 फीट की दूरी पर ऊँचा खड़ा है। वोह पेड़ गर्मी के मौसम में अनेक पक्षियों के लिए एक आश्रय होता है। पिछले साल एक जोड़ी रॉबिन्स ने निरंतर 7-8 फीट की दूरी तक फैले एक लम्बी डाल पर अपने घर बनाने का निर्णय लिया जिसकी शाखा हमारी उपरी मंजिल के बाथरूम की खिड़की से लगभग इतनी ही दूरी पर थी। गर्मी के मौसम में आते-जाते पक्षियों को खिड़की पर बैठी बिल्ली देखती रहती थी।

रास्तों में जमी 14 फुट बर्फ के साथ अपनी याद में सबसे भयंकर सर्दी और तेज हवाओं के झोंकों के समय में जब हम भी कांप जाते थे, उस पेड़ की डाल पर पक्षियों के घर ने अपनी स्थिरता बनाए रखी। यह देखना चमत्कार था कि इस छोटे से संरचना ने एक लम्बी डाल पर उभरकर कैसे उस निरंतर ठंड और हवाओं का सामना किया जो विद्युत तारों को भी टूथपिक की तरह तोड़ सकती थी। वह पक्षी उस रोज उसी डाल को पकड़ कर एक संघर्ष और संकल्प की प्रतीक के रूप में खड़ा रहा।

मुझे विश्वास है कि रोबिन्स के उस जोड़े ने जिसने हमारे घर के पिछवाड़े में खड़े चिनार के पेड़ की डाल पर अपना घोंसला बनाया था, निकटस्थ घरों की दीवारों में बने घोसलों के निर्माता पक्षिओं से अधिक बुद्धिमत्ता और कौशल का प्रयोग किया था। उन्होंने जरुर तय किया होगा कि वे किस प्रकार अपने घर को सबसे कठिन संभावित परिस्थितियों का सामना करने में सफल हों। ऐसा करते समय वे किसी भी शॉर्टकट का सहारा नहीं लेते और किसी भी बहाने की इजाज़त नहीं देते। यह घोंसला संकल्प और सहनशीलता की शक्ति का प्रमाण है और यह हम सभी के लिए प्रेरणा का स्रोत है कि हम अपने खुद के जीवन में उसी समर्पण के स्तर तक प्रयासरत रहें।

- ## दृढ़ता और साहस

आप अपनी दृढ़ता और साहसके साथ अपने सपने साकार कर सकते हैं क्योंकि छोटी-छोटी सफलताएँ भी, जिन्हें पाने के लिए कई वर्ष लग सकते हैं प्रशंसा के योग्य होती हैं। ध्यान रखें, अगर आपके पास स्पष्ट लक्ष्य हो और आप हर कदम को दृढ़ता के साथ उस दिशा में बढ़ने के लिए उठाएं आप सफलता प्राप्त कर सकते हैं। अपने प्रतिभाओं के लिए कृतज्ञ रहें, विनम्रता के साथ प्रशंसा को स्वीकार करें, लेकिन घमंड से सावधान रहें। एक साहसी व्यक्ति रास्ते में बाधाओं को पार करने का तरीका निकालता है इसलिए अपने सपनों को प्राप्त करने के लिए आपको दृढ़ और साहसी होना चाहिए।

- ## आपदाओं पर विजय पाना

जीवन में स्पष्ट दिशा होना महत्वपूर्ण है अन्यथा आप अनचाहे स्थान पर पहुँच सकते हैं। यह महत्वपूर्ण है कि आप सब्र रखें और जब आप अपने लक्ष्य के करीब हो, तो हार नहीं मानेंगे। खुद को प्रेरित करते रहें और अपनी थकान को भूल जाएं; आप जल्द ही अपने गंतव्य तक पहुँच जाएंगे। जब आपको आपदाओं का सामना करना पड़े, तो ध्यान दें कि यह आपकी संकल्पना है जो उन पर विजय प्राप्त करने के लिआपको शक्ति, साहस और आत्मविश्वास प्रदान करती है । आप भय की आँखों में देख सकते हैं और कह सकते हैं, "मैं इस भयानक घटना से गुज़र चुका हूँ। मैं जो भी आगे आए, उससे निपट सकता हूँ।" आपको वो काम करने होंगे जिन्हें आप मानते हैं कि आप नहीं कर सकते।

- ## सफलता प्राप्त करने में धुन का महत्व

जब आप कुछ प्राप्त करने का निश्चय करते हैं तो उसे पूरी शक्ति से करें! पीछे हटने का कोई स्थान नहीं है और "बस ठीक है" में समर्पित न हों। धुन का होना महत्वपूर्ण है और वे लोग जो कभी हार नहीं मानते वे ही आखिरकार सफल होते हैं, चाहे कुछ समय लगे।

- ## असफलता एवं सफलता पर समान भाव रखना

अपने सपनों को साकार करने की प्रक्रिया में यदि आपको असफलताएं मिलती हैं तो आपको घबराना नहीं चाहिए। हर किसी को अपने जीवन के किसी न किसी समय पर असफलता का अनुभव होता है लेकिन यह आपके हृदय की विशालता को भी वास्तविक रूप से परिभाषित कर सकता है कि आप इसे कैसे संभालते हैं। कुछ लोग असफलताओं से बरबाद हो जाते हैं]जबकि कुछ छोटी-छोटी सफलताओं से भी अपने सपनों को साकार करने में कामयाब हो जाते हैं। असली महान वे लोग ही होते हैं जो सफलताओं और असफलताओं पर समभाव रखते हैं। असंभव को संभव करने और संभव को हासिल करने के बीच का अंतर आपकी प्रतिबद्धता निश्चित कर सकती है।

सफलताओं को स्वीकार करना और उन पर खुशी जाहिर करना महत्वपूर्ण है] लेकिन अपने आप को लापरवाह नहीं होने दें। नए सपनों और आकांक्षाओं की ओर निरंतर पहुँचते रहें। ऐसा करके हम अपने जीवन को खुशी और संतोष के साथ आगे देख सकेंगे।

- ## सफलता के लिए मजबूत इरादा

एक व्यक्ति की सफलता उसकी ताक़त या ज्ञान से नहीं निर्धारित होती, बल्कि उसकी दृढ़ इच्छाशक्ति से। अपने सपनों को पूरा करने के लिए आपके पास मजबूत इरादा होना चाहिए और आशावादी बने रहना चाहिए, क्योंकि सफलता का मार्ग अक्सर विचलनों और परेशानियों से भरपूर होता है। यह महत्वपूर्ण है कि दुनिया में होने वाले सभी काम आशा से प्रेरित होते हैं। रास्ते में निराशा हो सकती है लेकिन यह आपको अपने लक्ष्यों से हटाने नहीं देनी चाहिए।

- ## मेहनत और दृढ़ संकल्प का महत्व

अपने सपनों को साकार करने के लिएए मजबूत कार्य नीति और दृढ़ संकल्प का होना आवश्यक है। जैसा कि कहावत है हजार मील की यात्रा एक ही

कदम से शुरू होती है, इसलिए हमेशा सक्रिय होना चाहिए। मेहनत सफलता का एक अनिवार्य घटक है। हालांकि हर किसी का सपना होता है लेकिन प्रत्येक व्यक्ति की प्राथमिकताएँ और लक्ष्य भिन्न होती हैं, यहां तक कि एक ही परिवार के अंदर भी। हालांकि इन सपनों को लगातार प्रयास और मेहनत से पूरा किया जा सकता है। सफलता पसीने, मेहनत और त्याग का परिणाम होती है। आवश्यक प्रयास का कोई विकल्प नहीं है।

• तैयारी का महत्व

सपनों को साकार करने के लिए प्रयास करना महत्वपूर्ण है, परन्तु तैयारी करना भी उतना महत्वपूर्ण है। भाग्य केवल तैयारी और अवसरों का एक संयोग होता है। यद्यपि मैं भी भाग्य में दृढ़ विश्वास करने वाला हूँ और मैंने यह खोजा है कि जितना अधिक प्रयास मैं करता हूँ उतना ही अधिक भाग्य मुझे प्राप्त होता है। मेहनत उस मात्रा और गुणवत्ता का काम करने का होता है जो किसी के लक्ष्यों के साथ हो।

• संसाधनपूर्ण तरीके

कभी-कभी आपके सपने आपके संसाधनों से उनकी क्षमता से अधिक मांग कर सकते हैं। इतने संसाधन आपके पास वर्तमान में नहीं हैं। तब आपको अपने सपनों को हकीकत में बदलने के लिए, आवश्यक संसाधनों को एकत्र करने होंगे। इस के लिए आपको उन लोगों को ढूंढना होगा जिनके पास ऐसे संसाधन हैं या जो आपकी कमी को पूरा कर सकते हैं। आप उन्हें उनके संसाधनों के उपयोग के बदले में अपने लाभ का हिस्सा दे सकते हैं। यदि अतिरिक्त संसाधन किसी भी तरह आपको उपलब्ध नहीं हो पा रहे हैं तब आपको अपने लक्ष्यों पर पुनर्विचार करना होगा।

• टीम संसाधन प्रबंधन में नेतृत्व और प्रेरणा

एक टीम लीडर के रूप में, आप पर टीम का मार्गदर्शन करने का दायित्व रहेगा, उनके लिए संसाधन जुटाने होंगे। आपकी प्रमुख जिम्मेदारी उनकी

आशा और प्रेरणा को बनाए रखना है। इसके अलावा, उनसे कार्य लेना भी महत्वपूर्ण है क्योंकि नेतृत्व सिर्फ पद को धारण करने के बारे में नहीं है, बल्कि यह सक्रिय रूप से लोगों को प्रभावित करने का प्रक्रिया है जिसका उद्देश्य एक सामान्य लक्ष्य की ओर मिलकर काम करना है जिसकी वे सभी अपेक्षा करते हैं।

• रोल मॉडल और उम्मीदें

चाहे हमें यह ज्ञात हो या नहीं हो, हमारे पास कुछ ऐसे गुण होते हैं जिन्हें कुछ लोग अपनाना चाहते हैं। आप उनके लिए रोल मॉडल होते हैं। यदि आपने किसी को अपना रोल मॉडल माना है तब क्या आप उन्हें अपने आप को प्रेरित और प्रोत्साहित करने वाले व्यक्ति के रूप में याद करना पसंद करेंगे, या फिर उन्हें अनजाने मे उनसें हार मानने वाले के रूप में? मैं आशा करता हूं कि आप अपने लक्ष्यों की प्रति प्रयास करेंगे और उसे प्राप्त करने की कोशिश करेंगे, क्योंकि यह आपके सपने पूरे करने का मार्ग प्रशस्त करेगा। याद रखें, आपको पहले अपने आप से महान चीजें उम्मीद करनी होंगी, फिर आप उन्हें प्राप्त कर सकते हैं।

• आशावाद की शक्ति

आशावादी होना किसी भी परिस्थिति में सकारात्मक पहलुओं को महसूस करने और अनुकूल परिणामों की पूर्वानुमानी करने की क्षमता को उत्पन्न करती है। आशावाद को अपनाने से व्यक्तिगत साधनाओं, मानसिक और शारीरिक स्वास्थ्य, अनुकूलनशीलता और समग्र सुख में योगदान हो सकता है। आशावाद यह नहीं समझाता कि वास्तविकता की उपेक्षा होनी चाहिए; बल्कि यह इसे एक संरचनात्मक और आशापूर्ण मानसिकता के साथ मुकाबला करने में शामिल करता है। इसके अतिरिक्त, आशावाद की शक्ति इसके लाभों को फैलाती है और व्यापार प्रदर्शन को बढ़ावा देती है।

आशावाद जीवन को पूर्णतया जीने के एक महत्वपूर्ण पहलू है। अपने सपनों को पूरा करने के लिए काम को सकारात्मक दृष्टिकोण से देखना महत्वपूर्ण है।

अपने लक्ष्यों की ओर प्रयास करते समय आपका आत्म-विश्वास महत्वपूर्ण है और आशावाद से आपको किसी भी युद्ध को जीतने में मदद मिल सकती है।

• सफलता के लिए उच्च आशाएँ रखने का महत्व

जब आप अपने अधिकार से कम को स्वीकार करते हैं, तो आप स्वयं को निराशा के लिए तैयार कर रहे हैं। आप आज क्या करते हैं, वह आपके जीवन का महत्वपूर्ण हिस्सा है क्योंकि प्रत्येक दिन आपके जीवन का कीमती हिस्सा है। यदि आप अपने सपनों को पूरा करना चाहते हैं, तो आपको मेहनत करनी होगी और ध्यान रखना होगा। सफलता के लिए आपको आशाओं को स्थायी रूप से ऊंचा करने और नीचे से ऊपर बढ़ते जाने का निरंतर प्रयास करना होगा।

• सफलता की प्राप्ति के लिए प्रयास

आप सफल हो सकें इसके लिए कभी-कभी, आपको ऐसी कार्य करने होते हैं जिन्हें दूसरे लोग नहीं कर सकते या नहीं करना चाहते हैं। स्थिति के सामान्यता से संतुष्ट न हों - कुछ और के लिए प्रयास करें। जैसा कि रॉबर्ट केनेडी ने कभी कहा था, "कुछ लोग चीजों को वैसे ही देखते हैं जैसे वे हैं और पूछते हैं कि क्यों। मैं उन चीजों की ख्वाहिश रखता हूं जो कभी नहीं थीं और पूछता हूं कि क्यों नहीं।"

ध्यान रखें, आप सब कुछ प्राप्त कर सकते हैं - लेकिन सब कुछ एक ही समय में नहीं। इसलिए समर्पित रहें, ध्यान रखें, और नई ऊचाईयों को छूने का प्रयास करते रहें। मेहनत और संकल्प के साथ, हर कुछ संभव है।

मुख्य विचारणीय बिन्दु

1. **निर्धारण और सहनशीलता सफलता की ओर ले जाते हैं:** यह अध्याय निर्धारण और सहनशीलता के महत्व पर बल देता है जो अपने लक्ष्य प्राप्त करने में है। शिक्षा प्रशिक्षण, मार्गदर्शन की खोज, और अवसरों को आलंब बनाने के माध्यम से अपनी क्षमताओं को

बढ़ावा देना चाहिए। पक्षियों के घर के टूटे हुए शिखर की मिसाल का उदाहरण निर्धारण और सहनशीलता की ताक़त को चुनौतियों को पार करने में दिखाता है।

2. **दृढ़ता, साहस और आत्म-विश्वासः** यह अध्याय पाठकों को खुद पर विश्वास करने और अपने लक्ष्यों की ओर साहसपूर्ण रूप से बढ़ने के लिए प्रोत्साहित करता है कि किस प्रकार कौशलपूर्ण व्यवहार और अविचलित निर्धारण के द्वारा अवरोधों का सामना किया जा सकता है।

3. **सफलता के मार्ग पर सतत् प्रयत्नः** यह अध्याय सपनों को साकार करने के लिए अविचलित निर्धारण और स्पष्ट दृष्टि की आवश्यकता पर जोर देता है। विफलताएँ और बाधाएँ अस्थायी कठिनाइयों के रूप में देखी जानी चाहिए और सतत् मार्ग में आगे बढ़ने के लिए महत्वपूर्ण है। चुनौतियों को विकास और उन्नति के लिए अवसरों के रूप में देखा जाना चाहिए।

4. **आशावाद और उच्च लक्ष्यः** इस अध्याय में आशावाद को सफलता प्राप्त करने और एक पूर्ण जीवन जीने के एक महत्वपूर्ण पहलू के रूप में बताया गया है। यह उच्च लक्ष्य स्थापित करने और सकारात्मक दृष्टिकोण बनाए रखने का एक अवधारणा को प्रोत्साहित करता है। आशावाद को ग्रहण करने से व्यक्तिगत उपलब्धियों, मानसिक और शारीरिक सुख, अनुकूलनशीलता और संबंधों में कैसे सुधार हो सकता है पर विशद विवरण है।

5. **सफलता की दिशा में निरंतर प्रयासः** इस अध्याय में सफलता की दिशा में निरंतर प्रयास के महत्व पर बल दिया गया है। आप अपने श्रम के मूल्यांकन को कम से कम के लिए संतुष्ट नहीं हों हमेशा और उच्च लक्ष्यों की ओर आगे बढ़ें। सफलता के लिए कठिनाइयों को सामना करने के लिए आपको मौलिक रणनीति

अपनाने की आवश्यकता है।

निष्कर्ष:

सफलता की दिशा में निश्चय, सहनशीलता, आत्मविश्वास और धैर्य का एक गहरा संयोजन होता है। निर्भीकता, साहस के साथ असफलताओं के कारणों को ज्ञात करने के लिए हमें एक मजबूत इच्छाशक्ति और अपने लक्ष्यों के प्रति अथक प्रतिबद्धता की आवश्यकता होती है। चुनौतियों के सामने संघर्ष का महत्व हमें याद दिलाता है कि सफलता केवल एक गंतव्य नहीं है, बल्कि दृढ़ संघर्ष और अडिग संकल्प द्वारा बनाए गए मार्ग की एक यात्रा है। इसी प्रकार हम अगले अध्याय में स्वयं की उपलब्धियों का आत्म-परीक्षण करने और सहनशीलता, व्यावसायिकता और आस्थापन को पोषण देना समझेंगे।

एक सफल व्यक्ति और दूसरों के बीच का अंतर बल या ज्ञान
की कमी नहीं होती, बल्कि इच्छाशक्ति की कमी होती है।"
- विंस लॉम्बार्डी

• • • • • • • • • • •

9

उच्चतर लक्ष्यों के लिए रणनीतियों पर विचार करना

Courtesy - JESHOOTS.COM

"महान काम करने का एकमात्र तरीका वह काम करना है जो आप पसन्द करते हैं। अगर आपने अब तक उसमें अपनी

पसन्द को नहीं पाया है, तो खोजते रहें। लेकिन समझौता न करें।" - स्टीव जॉब्स

शहर की सीमा से लगते हुए एक मनोरम गांव में कैरोलाइना नाम की एक युवा महिला रहती थी। पर्वतों और घाटियों के बीच बीता उसका जीवन, सफलताओं और असफलताओं से भरी एक कहानी बन गया था।उसके हर अध्याय ने उसकी असलियत, व्यावसायिकता और अविचल विश्वास को सुदृढ़किया।

कैरोलाइना हमेशा एक माहिर कलाकार बनने का सपना देखती थी, वोह चाहती थी कि उसकी चित्रकलाओं में जीवंत विचारधारा का प्रतिबिंब प्रकट हो। जिस पथ का उसने चयन किया वह कठिन था। उसका परिवार विनम्र किसान का था जिसके सदस्य उसकी आकांक्षाओं को समझने में संघर्ष कर रहे थे। "कला तुम्हारा पेट नहीं भरेगी" उसे एक अधिक व्यावसायिक मार्ग का अनुरोध करते हुए उसके पिता अक्सर कहते थे । संदेह और चुनौतियों के बावजूद, कैरोलाइना अपने सपनों को साकार करने में एक उत्साहपूर्ण निश्चय के साथ दृढ़ थी।

कैरोलीना को मालूम था कि कलात्मक यात्रा का रास्ता गुलाबों से सजा नहीं था। उसने अपने कौशल को सुधारने में अनगिनत घंटे खर्च किए, नई तकनीकों के साथ प्रयोग किए और अपने शिल्प को लगातार सुधारने की पूरी कोशिश की। उस यात्रा में कई बार असमंजस और आत्मसंदेह के क्षण आये थे, लेकिन कैरोलाइना कभी नहीं हिचकिचाई। उसे ज्ञात थाकि ब्रुशका प्रत्येक प्रयोग, हर रंग जिसे वह मिश्रित करती है, उसके सपनों को साकार करने में आगे बढ़ने की ओर एक कदम था।

जब वह अपनी कला को निखारने में व्यस्त थी, उसके गांव में एक भयानक तूफान आया। खेतों को नष्ट करने वाली इस आपदा ने गांववालों को घोर निराश में डाल दिया। कैरोलाइना का परिवार भी अपवाद नहीं रहा था; उनका जीवनयापन का साधन भी मिट्टी में मिल गया। फिर भी, कैरोलाइना का

संघर्ष उम्मीद की एक किरण की तरह चमक रहा था। उसने अपनी कलात्मक क्षमताओं का उपयोग करके गांव की सुंदरता और संघर्ष की दृष्टि से चित्रित किए गए दृश्यों की चित्रकला की एक प्रदर्शनी आयोजित करने की योजना बनाई। उसने प्रदर्शनी की आय को गांव के विकास में खर्च करना था। गांव का समुदाय ने उसके पीछे खड़ा होकर मदद की, और मिलकर प्रदर्शनी को सफल बनाया। प्रदर्शनी को देखने के लिए दूरदराज़ के गांव, कस्बों एवं निकटस्थ शहरों से लोग आये क्योंकि यह उनके लिए यह अनूठा प्रयोग था। प्रदर्शनी की आय से कैरोलाइना ने गांव की खेतों को सुधारा और इस प्रकार उनके घरों में खुशहाली लौटी।

कैरोलाइना की व्यावहारिकता ने उसके हर कदम पर मार्गदर्शन किया। उसने प्रदर्शनी की तैयारी के लिए ठोस कदम उठाए, कला बाजार की अध्ययन किया, समाज के उस वर्ग के दर्शकों को आकर्षित करने के लिए अपनी शैली को अनुकूलित किया और इसपरिप्रेक्ष्य में अनुभवी कलाकारों से मार्गदर्शन मांगा। प्रदर्शनी का दिन आया] और कैरोलाइना ने अपनी उत्कृष्टता से सजीव चित्रों की ओर देखते हुए महसूस किया कि उसकी उपलब्धियाँ वास्तव में महत्वपूर्ण थीं।

शहर ने उसकी कला को खुले हाथों से स्वागत किया। कैरोलाइना की जीवंत चित्रकलाएँ सभी जीवन के विभिन्न क्षेत्रों से लोगों के साथ संवाद करती थीं, मानो प्रत्येक चित्र उनकी अपनी यात्रा की कहानी को समझारहे थे क्योंकि कैरोलाइना ने चुनौतियों पर विजय, संघर्ष की सुंदरता और अविचल विश्वास की शक्ति का सजीव चित्रांकन किया था। आरम्भिक विफलताओं को देखते, सटीकता को अपनाने, व्यावसायिकता को अमल में लाने और विश्वासकी शक्ति कैरोलाइना की कहानी बहुतों के लिए प्रेरणा बन गई। उसने अपनी कला के माध्यम से उत्कृष्टता से जो प्रयास किये वे जीवन की चुनौतियों पर विजय प्राप्त करने के लिए हमें मजबूत और अधिक दयालु व्यक्तियों में स्थापित करने के लिए प्रेरित करता है।

कैरोलाइना की प्रसिद्धि बढ़ती गई, लेकिन उसने कभी अपनी जड़ों को नहीं भूला। उसने अपनी सफलता को गांव में साझा किया और दूसरों को अपने सपनों को साकार करने के लिए प्रोत्साहित किया। उसकी कहानी उनके लिए एक आशा की किरण बन गई। कैरोलाइना की यात्रा गवाह बन गई कि जीवन वास्तव में शिखर और घाटियों, सफलताओं औरअसफलताओं की कहानी है। उसकी कला उसकी समस्याओं का समाधान करने, सामग्री एकत्र करने और सफलता प्राप्त करने की ओर बढ़ने की क्षमता का प्रतिबिंब बनी।

वस्तुतः जीवन एक यात्रा है जिसमें उतार और चढ़ाव, सफलता और असफलताओं, प्रसन्नताओं और परेशानियों के पल होते हैं। इस यात्रा में, हमें हमेशा ऐसे चुनौतियों का सामना करना पड़ता है जो हमारी क्षमताओं की परीक्षा करते हैं और हमें अपनी सीमाओं तक पहुँचाते हैं। हालांकि, संघर्षों के बीच, हमें अपनी उपलब्धियों पर विचार करने और आत्मविश्वास,व्यावसायिकता, और विश्वास को बढ़ावा देने का महत्व है। कैरोलाइना की कहानी में निम्न तत्वों का विशेष महत्व है।

• उपलब्धियों पर विचार करना

जीवन की तेज गति हमें अक्सर यह भूलने पर मजबूर कर देती है कि हम कहाँ पहुँच गए हैं। अपनी उपलब्धियों पर विचार करना अहंकार का काम नहीं है; यह हमें उन विकास, प्रगति और समर्पण की याद दिलाता है जिनसे हम आज तक पहुँचे हैं। जब हम छोटी-छोटी सफलताओं का भी समर्थन करने का समय निकालते हैं, तो हम स्वयं को नई दिशा में उत्साह और प्रेरणा के साथ भर देते हैं।

क्या आप वह समय याद करते हैं जब आपने एक असंभव से दिखने वाले कार्य को आरंभ किया और उस पर विजय प्राप्त की थी? वह आपके संघर्ष का परिणाम था। क्या आपको याद है कि आपने कितनी सावधानी बरतते हुए इन समस्याओं को पार किया, लक्ष्य प्राप्त किए और रुकावटों को दुर

किया? आपकी हर एक उपलब्धि आपकी आंतरिक शक्ति और संकल्प की प्रमाणिकता का प्रतिबिंब है।

• संघर्ष करने की कला

संघर्ष प्रगति की रीढ़ है। यह हमें असफलताओं से वापस आने, बदलती परिस्थितियों का सामना करने और विपरीत परिस्थितियों के बावजूद सकारात्मक दृष्टिकोण बनाए रखने की क्षमता बढ़ाते हैं। जैसे एक पेड़ तूफानों को सहने के लिए अपनी जड़ें मजबूत करता है, हमें अपनी संघर्ष की क्षमता को बढ़ावा देने की देखभाल करनी चाहिए ताकि हम चुनौतियों के सामने सफलता प्राप्त कर सकें।

संघर्ष एक आवाज नहीं है; यह समय के साथ विकसित किया जा सकने वाला एक कौशल है। जब जीवन हमारे सामने कठिनाइयाँ प्रस्तुत करता है, हमारे पास एक विकल्प होता है -हमे टूटने काया हमें अपने-आप को मजबूत बनाने का। चुनौतियों को विकास के अवसर के रूप में स्वीकार करके हम संघर्ष को सफलता की ओर कदम रखने की दिशा में पैदा करते हैं।

• सपनों और वास्तविकता का संवाद

हालांकि सपने हमारी प्राथमिकताओं को बदलते हैं, व्यावहारिकता सपनों को साकार करने की प्रक्रिया और स्त्रोंतो की उपस्थिति के बीच संवाद करती है। सफलता का मार्ग कभी-कभी सीधा नहीं होता है और रास्ते पर समय-समय पर आवश्यक समायोजन करने की आवश्यकता हो सकती है।

मान लीजिए कि आप अपना खुद का व्यवसाय शुरू करना चाहते हैं। आपको बाजार की तलाश, एक विशिष्ट वर्ग को आकर्षित करने के लिए अपनी शैली को अनुकूलित करने, वित्त प्राप्त करने की योजना तैयार करने, और बाजार की प्रवृत्तियों के आधार पर आपकी स्ट्रैटेजियों में नए समायोजन करने की आवश्यकता हो सकती है। अपने सपनों को व्यावसायिकता के साथ

मिलाकर, आप चुनौतियों का सामना करने और अपने दृष्टिकोण को पूरे करने का एक रणनीति बना सकते हैं।

• प्रक्रिया में विश्वास करना

अपने लक्ष्य को प्राप्त करने में विश्वास महत्वपूर्ण भूमिका निभाता है। विश्वास केवल आस्थाओं में सीमित नहीं है; यह हमारी क्षमता में विश्वास करने, अपने कौशलों पर विश्वास करने और हमारी यात्रा के प्रति दृढ़ समर्पण बनाए रखने के बारे में है, चाहे समस्याएँ चाहे कितनी भी निर्दय हों।

किसी भी संदेह के समय विश्वास हमें एक अटूट आशा की मानसिकता में बांधता है। यह हमें सहने की शक्ति प्रदान करता है, हमें आगे बढ़ने की शक्ति प्रदान करता है, और विश्वास दिलाता है कि समस्याओं का समाधान होगा और हमारे प्रयासों से परिणाम मिलेंगे। जब हम संघर्ष का सामना करते है, तब हमें अपनी उन उपलब्धियों पर ध्यान केंद्रित करना होगा जो हमने पहले प्राप्त की थीं और हमें स्वयं को याद दिलाना होगा कि हमने पहले भी बाधाओं को पार किया है।

• चुनौतियों का सामना करना

चुनौतियाँ हमें परिभाषित नहीं करती हैं; वे हमें परिष्कृत करने के लिए होती हैं। हम किसी भी बाधा को निर्धारित नहीं करते हैं; बल्कि हमारी क्षमताओं को उत्पन्न होने का अवसर प्रदान करती हैं। सफलता का मार्ग आमतौर पर समतल नहीं होता है; यह अक्सर अवरोधों से भरा होता है और हमारी रचनात्मकता, संकल्प और संघर्ष की आवश्यकता उत्पन्न करते हैं। आप चुनौतियों का सामना कैसे करते हैं, यह परिणाम को आकार दे सकता है। यह तय करता है कि आप सफल होते हैं या असफल। सफलता पाने के लिए, आपको कुछ ऐसा करना महत्वपूर्ण है जो आपको आगे बढ़ने की प्रेरणा देता है, आपको प्रेरित करता है। हाँ, यदि आप प्रारंभ में कुछ कठिनाई महसूस करते हैं, तो ध्यान दें कि आपकी प्रतिबद्धता ही उस असंभव सी दिखने वाली स्थिति संभव कर सकती है। आपके मस्तिष्क की केवल बाधा आपकी

संभावनाओं के प्रति है। हालांकि यदि आप अपनी कल्पना को उद्घाटित करें और उसे पूरी संभावनाओं तक पहुँचाने में उपयोग करें, तो आप असीम संभावनाओं को प्राप्त कर सकते हैं।

जब आप स्वयं को एक ऐसी स्थिति में देखते हैं जिसमें एक असंभव सी चुनौती प्रस्तुत हो, तो अपनी विगत उपलब्धियों से प्राप्त ज्ञान से प्रेरणा प्राप्त करें। समस्याओं को रास्ते के अवरोध न मानकर उन्हें नई दिशाओं की ओर ले जाने वाले विकल्प के रूप में देखें जो आपको नई समझ और शक्तियों की ओर ले जाएगा। अपने सपनों को पूरा करने के लिए,अपने आदर्शों के प्रति वफादार रहना भी और अपने काम में खुशी ढूंढनाइसके लिएएक व्यावहारिक दृष्टिकोण अपनाना महत्वपूर्ण है । सफलता उन लोगों के लिए है जो अपने निष्ठाओं के प्रति सच्चे रहते हैं। कई व्यक्तियाँ खुशी प्राप्त करने में नाकाम हो जाती हैं, क्योंकि उन्होंने आनंदित होने का समय नहीं निकाला। दुनिया कठिनाइयों से भरी है, वह उनके सुखद प्रयोग करने के लिएसंभावनाओं से भी ओत-प्रोत है । आप सपने ऐसे देखो जैसे तुम हमेशा जीवित रहोगे, और ऐसे जिओ जैसे कल मर सकते हो।

• आशावादी मानसिकता

हर रात सोने से पहले, मैं कुछ पल रुककर उस दिन की घटनाओं पर विचार करने का समय निकालता हूँ और अपनी उपलब्धियों पर स्वयं को बधाई देता हूं। चाहे यह दिन केवल दुखद तरीके से गुज़रा ही क्यों न हो मैं इसे एक सफलता के रूप में स्वीकार करता हूँ। फिर मैं खुद को याद दिलाता हूं कि मैं जो भी चुनौतियों का सामना कर सकता हूँ, और मैं उनका सामना करने के लिए पर्याप्त मज़बूत हूँ। मैं मानता हूँ कि कुछ मेरे कार्यक्रम के अनुसार नहीं होता कि वह मेरे किसी रणनीतिक कमजोरी के कारण हुआ है या कोई दैवीय घटना थी जिसका मुझे पूर्व.जानकारी नहीं थी।

इस प्रकार जब मैं सुबह उठता हूं, मैं अपनी शक्ति और दृढ़ता को पुनः पुष्टि करता हूं कि एक और दिन का सामना करने के लिए तैयार हूँ। मैं नए अवसरों

के लिए खुले मन से रहता हूं जो मेरे मार्ग में आ सकते हैं, और हर दिन को एक आशावादी मानसिकता के साथ निरंतर आता हूं। अभ्यास के साथ, ऐसी तकनीक प्रतिदिन आपके जीवन पर गहरा प्रभाव डाल सकती है।

मुख्य विचारणीय बिन्दु

1. **चुनौतियों को पार करने के लिए आवश्यक कदम:** बड़ी चुनौतियों को छोटे संचालनीय कार्यों में बाँट दें। प्रतिदिन एक कदम की कल्पना करने से अत्यधिक भावनात्मकता को रोकने में मदद मिलेगी और आपके प्रगति में आत्मसमर्पण का एक अहसास मिलेगा।

2. **समर्थन मांगें:** अपने सपनों से सम्बन्धित क्षेत्र में अनुभवी किसी भी वरिष्ठ व्यक्ति से मार्गदर्शन, सलाह या मदद प्राप्त करने से कभी मत हिचकिचाइए क्योंकि वे उस प्रकार की चुनौतियों का सामना कर चुके हैं जिनका आपको सामना करने की संभावना हो सकती है। उनके विचार आपको मूल्यवान दृष्टिकोण और समाधान प्रदान कर सकते हैं।

3. **अनुकूलन और समायोजन करें:** जब चुनौतियाँ उत्पन्न होती हैं, तो लचीलापन महत्वपूर्ण होता है। नई जानकारी या बदलते परिस्थितियों के आधार पर अपनी रणनीतियों और दृष्टिकोणों में समायोजन करने के लिए तैयार रहने की इच्छा रखें क्योंकि कभी भी कोई झटका आने की कई संभावनाएँ होती हैं।

4. **सकारात्मकता बनाए रखें:** सकारात्मक मानसिकता असंघटन के खिलाफ एक शक्तिशाली उपकरण है। समस्याओं पर विचार करने की बजाय समाधानों पर ध्यान केंद्रित करने की आदत को पाले और समस्याओं पर दिमाग न लगाने की आदत बनाएं।

5. **सीखें और विकसित हों:** हर चुनौती एक सीखने का अवसर है।

हर एक चुनौती से प्राप्त अनुभवों को याद रखें और उन्हें भविष्य के उच्चतर लक्ष्यों को प्राप्त करने के प्रयासों में लागू करें।

निष्कर्ष

जैसे ही हम अपने आत्म-खोज और व्यक्तिगत विकास के क्षेत्रों में अन्वेषण समाप्त करते हैं, हम अपने आपको परिवर्तन और यात्रा पर खड़े होते हुए पाते हैं। सफलताओं पर विचार करने, संघर्ष की कला, सपनों और वास्तविकता के बीच वाद-विवाद, प्रक्रिया में विश्वास, चुनौतियों का सामना करने और एक आदर्श दृष्टिकोण का विकास करने की यात्रा हमारे अस्तित्व की जटिल कहानियां पर प्रकाश डालती है।

सफलता का मार्ग एकरैखिक नहीं है, बल्कि निर्धारण, प्रतिरोधक्षमता और सकारात्मक क्रियाओं का गतिशील सामजंस्य है।

जब हम अगले अध्याय की ओर मुड़ते हैं, हम व्यक्तिगत और पेशेवर सफलता के लिए सकारात्मक दृष्टिकोण की परिवर्तनात्मक संभावना में गहराई में प्रवृत्त होने के लिए तैयार पायेंगें। यह संकल्प की शक्ति और प्रतिरोधक्षमता को उपयोग करने की बुद्धिमता को प्रकट करेगा, कठिन काम और समर्पण को ग्रहण करेगा, और हर अवसर को पकड़ेगा जो जीवन प्रस्तुत करता है। हम असफलताओं का सामना उन सफलताओं के लिए एक स्तम्भ के रूप में करेंगे और आंतरिक परिदृश्य को पुनर्निरूपित करने के रूप में दिखाई देने वाले दिखावटी और असहज अवयवों की शक्ति का अन्वेषण करेंगे।

अपनें सपनों के प्रति एक दृढ़ संकल्प, एक मजबूत मानसिकता और धारापूर्वक तैयारी के साथ, हम असाधारण को गले लगाने और सफलता के प्रतिष्ठित मार्ग को निर्मित करने के लिए तैयार हैं। यह एक यात्रा है जिसमें हमें समय का बुद्धिमता से उपयोग करना, भय को पार करना, और हमने दीर्घकाल से उपेक्षित किए गए विचारों को पुनर्सम्मिलित करना होगा। हमारे भविष्य की सफलता हमें प्रतीक्षित कर रही है, और खुले दिल, जिज्ञासु मन,

और अड़चन नहीं मानने वाली मानसिकता के साथ, हम अपनी आकांक्षाओं की जीवंत रंगों से रंगेंगे।

“उसमें हस्तक्षेप न करो जो तुम नहीं कर सकते,
और जो आप कर सकते हो उसमें किसी को हस्तक्षेप न करने
दें” - जोन वुडन

• • • ● • ● • ● • • •

10

सफलता का रास्ता

Image by storyset on Freepik

"बहुत से लोगों के लिए बड़ा खतरा यह नहीं है कि उनका लक्ष्य
बहुत ऊंचा है और वे उसे छू नहीं सकते,
बल्कि यह है कि उनका लक्ष्य बहुत कम है और वे उसे आसानी
से प्राप्त कर लेते हैं।" - माइकलेंजेलो

सफलता की दिशाः कठिन परिश्रम और समर्पण

एक छोटे से कस्बे में रहते हुए इवैन थॉम्पसन हमेशा सामान्य युवक रहे थे। लेकिन वह एक महान व्यक्ति बनना चाहते थे। उनके माता-पिता ने उन्हें बचपन से ही मेहनत, संकल्प और सकारात्मक दृष्टिकोण के महत्व को सिखाया। उसे यह मालूम नहीं था कि ये गुण उसके जीवन में उसके सबसे विलक्षण सपनों को साकार करने में महत्वपूर्ण भूमिका निभायेंगे।

बचपन में इवैन अक्सर अपने दादा से अविचल संकल्प और सहनशीलता के साथ संकटों को बाहर आने की कहानियाँ सुनते थे। उनके दादा के किस्सों ने इवैन की कल्पनाओं को पंख लगाये और उसे चुनौतियों का सामना साहसपूर्वक करने के लिए प्रेरित किया। स्वयं ही मार्ग खोजने के निर्धारित संकल्प के साथए इवैन ने अपना ध्यान अध्ययन, खेल-कूद और अन्य उन शौकों पर केंद्रित किया जो उसके सपनों को साकार करने में सहायक हो सकते थे। हर एक कार्य में अटल संघर्षशीलता के साथ उसने उत्कृष्टता प्राप्त की।

जब इवैन स्थानीय कॉलेज में उच्च शिक्षा के लिए गया, वहां एक खेल टूर्नामेन्ट में एक घुटने की चोट ने स्टार एथलीट बनने के उसके सपने को खतरे में डाल दिया, लेकिन निराशा होने की बजाय, इवैन ने अपनी ऊर्जा के पुनर्वास के लिए एक कोचिंग क्लास चलाने पर विचार किया ताकि वह नई पीढ़ी को अपने अनुभव बता सके। उसकी सकारात्मक दृष्टिकोण और उसकी परिश्रम ने न केवल उसके स्वास्थ्य की पुनर्स्थापना में मदद की, बल्कि उसके आस-पास के लोगों को भी प्रेरित किया।

"कार्पेडीम" के दर्शन को अपनाते हुए इवैन ने जो भी अवसर उसके पास आए उनका उपयोग किया। उसने खेलों पर उपलब्ध साहित्य का गहन अध्ययन किया और अपनी सीमाओं को विस्तारित करने वाली चुनौतियों को स्वीकार किया। उसकी मेहनत रंग लायी जिससे उसे एक प्रतिष्ठित विश्वविद्यालय में छात्रवृत्ति मिली। यद्यपि वहां उसे कुछ अन्य कोचों के प्रतिस्पर्द्धात्मक असहज विचारों से सामना हुआ जिन्हें उसने पहले त्यागा था। लेकिन उन्हें

अपने लिए चुनौती माना और ऐसा करना उसकी दृष्टि नई दिशाओं में खुल गई और उसकी ज्ञान में वृद्धि हुई।

इवैन को यह आभास था कि घुटने की चोट के बावजूद उसके लिए अवसर खत्म नहीं हुए हैं इसलिए उसने किसी भी आधार पर परिश्रम करने की आदत को नहीं छोड़ा। इसलिए जब वह अपने सपनों को पूरा करने के लिए मेहनत कर रहे थे, तो उसने कई बार अपने मित्रों और विनियोजकों के संदेह और डर के क्षणों का सामना किया, लेकिन उसने नकारात्मकता को स्वयं को रोकने नहीं दिया। बल्कि उसने सकारात्मक एवं पारदर्शिता की शक्ति को अपनाया, और ऐसे प्रतिबंधकों को सफलता की ओर कदम स्थापित करने के लिए प्रयुक्त किया। चुनौतियों को वृद्धि की अवसरों के रूप में पुनर्रूपित करने के रूप में देखने की क्षमता ने उसे आगे बढ़ने में सहायक साबित किया। उसकी मेहनत से उसके साथी और शिक्षकों से भरपूर सम्मान मिला।

अपने कॉलेज के वर्षों में इवैन ने एक परिवर्तनकारी अनुभव का सामना किया जिसने उसके दृष्टिकोण को बदल दिया। उसने एक सेमिनार में भाग लिया, जिसमें सुप्त विचारों के एकीकरण के बारे में चर्चा हो रही थी। यह घटना उसे असहज सत्यों और विश्वासों का सामना करने के लिए चुनौती देती है, जो उसके दिमाग में थे। आत्मनिरीक्षण और आत्मखोज के माध्यम से इवैन ने अनित्यता को ग्रहण करने और अपने डरों का सामना करने का महत्व सीखा।

इवैन के समर्पण और दृढ़ दृष्टिकोण ने एक प्रसिद्ध उद्यमी का ध्यान आकर्षित किया। उस उद्यमी ने उसमें न केवल लगन, दूसरों के प्रति उसका व्यवहार और परिश्रम के प्रति आशातीत समर्पण देखा बल्कि उसमें उसके दृष्टिकोण में दिखाई देने वाली व्यापारिक संभावनाओं को भी पहचाना। उस उद्यमी ने उसके लिए मेंटरशिप बिजनेस जगत के द्वार खोले जहां इवैन का संकल्प और विनम्रता उसकी सबसे बड़ी संपत्ति बन गई। उसने महसूस किया कि सफलता केवल व्यक्तिगत उपलब्धि के बारे में नहीं है, बल्कि दूसरों की मदद करने और सकारात्मक प्रभाव पैदा करने के बारे में भी है।

उद्यमी के सहयोग से इवैन अब पेशेवर कोच बन गया। लेकिन उसने जिन बातों का सीखा था, वे उसके स्वभाव का अंग बनी रहीं। उसने संकल्प को कृतज्ञता और विनम्रता के साथ संतुलित किया। कभी अपनी मूल जड़ों और उन मूल्यों को नहीं भूला जो उसके माता-पिता ने उसे बचपन में दिये थे। उसने अपनी सफलता को एक मंच के रूप में उपयोग करके दूसरों को उनकी स्वयं की चुनौतियों को अवसरों में बदलने के लिए प्रेरित किया।

इवैन सफलता की दिशा में अपने विचारों की लगातार समीक्षा करता रहा और उनके महत्व को अपने छात्रों को बताता रहा। समीक्षा के दौरान उसने यह समझ लिया था कि व्यक्तिगत भलाई के लिए समय देना विनियमित उपलब्धि के लिए महत्वपूर्ण था। उसने ध्यान और आत्म-अवलोकनजैसी अवधारणाओं को अपनी दिनचर्या में शामिल किया। इस प्रकार आंतरिक शांति और मानसिक सहायता को पोषण देने के लिए और उसने अपनी मानसिक शक्ति में संवर्धना की।

इवैन की कहानी उन अनगिनत व्यक्तियों के लिए प्रेरणा स्रोत बन गई जिन्हें अपने स्वयं की चुनौतियों से जूझना था। उसकी यात्रा ने सकारात्मकता, संकल्प और मेहनत की शक्ति को अपनाने की शक्ति का उदाहरण प्रस्तुत किया। उसने साबित किया कि असहज विचारों पर भी विचार करने से, कोई भी एक परिवर्तनात्मक आंतरिक यात्रा कर सकता है, जो गहरी विकास और सफलता की ओर पहुँचती है।

इवैन थॉम्पसन की जिंदगी हम सभी में निहित संभावनाओं की प्रतिष्ठा थी। उसने चोट के बाद भी सामान्य लड़के से उठ कर एक प्रतिष्ठित कोच बनकर जो कार्यनिष्ठा का परिचय दिया वह अनुकरणीय रही। उसने सकारात्मक दृष्टिकोण, संकल्प और असहजता का सामना करने की शक्ति का उपयोग करते हुए अद्वितीय यात्रा का मॉडल प्रस्तुत किया। उसके कार्यों और अडिग आत्मा के माध्यम से, इवैन ने दुनिया को याद दिलाया कि सफलता केवल एक गंतव्य नहीं है, बल्कि हमारे द्वारा लिए गए चयन और मानसिकता के द्वारा चलने वाले एक निरंतर विकास की प्रक्रिया है।

सफलता के लिए आपको कहाँ अवसर मिलता है? यह सब कुछ आपकी दूरदर्शिता, अनुभव, ज्ञान और व्यवहार पर निर्भर करता है। लेकिन अवसरों का प्रयोग आप सही दिशा में किये गये परिश्रम से ही कर सकेंगे। इसके लिए संकल्प और समर्पण की आवश्यकता होती है। व्यक्ति को अपने आत्म-विश्वास होना चाहिए, अपने काम पर गर्व करना चाहिए और कभी हार नहीं मानना चाहिए।

• व्यक्तिगत और पेशेवर सफलता के लिए सकारात्मक दृष्टिकोण का उपयोग करना

अपने सपनों को साकार करने के लिए आपको हर स्थिति में सकारात्मक दृष्टिकोण रखना होगा और विश्वास करना होगा कि आपके कार्य परिस्थितियों में अंतर ला रहे हैं। आपको निष्पक्ष समीक्षा करनी होगी कि आपका कार्य सही दिशा में है या नहीं। यही दृष्टिकोण आपको अपने सपनों को पूरा करने में मदद कर सकता है, ऐसा आप सामाजिक नेटवर्किंग में गुणवत्तापूर्ण सुधार करके भी कर सकते हैं जिससे आपको अपने कार्यों की समीक्षा आसानी से मिल सकती है और आपकी समस्याओं को भी कम करने में मदद कर मिल सकती है। यही नहीं, आपका सकारात्मक व्यवहार संभावित खरीदारों, ग्राहकों और उपभोक्ताओं के साथ आपके संबंधों को भी सुधार सकता है। आपने गेहूँ या अन्य किसी पदार्थ को पीसने के लिए पत्थर का प्रयोग होते हुए देखा होगा। जीवन भी एक पीसने की पत्थर की तरह है, यह हमें निचोड़ सकता है या हमें चमका सकता है और यह सब हमारी दृष्टिकोण पर निर्भर करता है। हम चीजों को कैसे देखते हैं, यह हमारे जीवन की दृष्टिकोण पर महत्वपूर्ण प्रभाव डालता है। दो लोग एक ही चीज की दिशा में देख सकते हैं, लेकिन एक व्यक्ति नकारात्मक पहलुओं को देखेगा जबकि दूसरा सकारात्मक पहलुओं को देखेगा। अंतर उनके दृष्टिकोण को देखने के तरीके में होता है।

• संकल्प और प्रतिरोध की शक्ति

अपने सपनों को साकार करने के लिएए आप विभिन्न साधनों के माध्यम से जैसे कि शिक्षा, प्रशिक्षण, नई जगहों की खोज, विशेषज्ञों से मार्गदर्शन प्राप्त करना, नवीनतम उन्नतियों से परिचित रहना आदि, अपनी प्रतिभा को विकसित करें। सभी के पास समान प्रतिभाएँ नहीं हो सकतीं, लेकिन उनकी क्षमताओं को बढ़ाने के लिए समान अवसर होने चाहिए। यदि अवसर सहज रूप से उपलब्ध नहीं होते हैं, तो किसी तरीके से उन्हें बनाने की कोशिश करनी चाहिए। कुछ प्राप्त करने के लिए प्रयास आवश्यक होते हैं। किसी काम को अच्छे से करने के महत्व की तुलना में उसे जल्दी करने की महत्व का विश्लेषण करना आवश्यक है। आप यदि अपनी सारी क्षमता के आधार पर हर छोटे से काम, हर ग्राहक के साथ, हर प्रायोजन में, अपने व्यक्तिगत जीवन में, हर भूमिका - सब कुछ करते, तो क्या हो सकता था? सभी प्रयासों में छोटी सी भिन्नताएँ आपके जीवन के परिणामों में बड़े अंतर को बना सकती हैं। कई लोग मानते हैं कि वे मदद नहीं लेंगे, लेकिन अक्सर महान सफलता और खुशी प्राप्त करने के लिए थोड़े से अधिक प्रयास ही काफी होते हैं।

• सकारात्मक क्रिया की शक्ति

सकारात्मक क्रिया उन साधनों में से किसी एक सरल कदम को कहा जाता है जिससे आप अपने जीवन में खुशी को बढ़ा सकते हैं! परामर्श देने के अनुभव के दौरान, मैं कई ऐसे व्यक्तियों से मिला है जो मानते थे कि वे अपने कैरियर में उन्नति कर रहे हैं। वे आत्मविश्वास रखते थे कि वे पेशेवर आगे बढ़ रहे हैं और काम और घर - दोनों में महत्वपूर्ण प्रभाव डाल रहे हैं।हालांकि, उनमें से कई लोग अपने विकल्पों में भ्रम और उदासीनता व्यक्त करते थेए आकर्षित होकर पूछते थे, "विनोद, मुझे समझ में नहीं आता कि मैं काम पर एक साथी क्यों नहीं बना सकता। मुझे वाकई लगता है कि मैं सही दिशा में हूँ, लेकिन मुझे चिंता होती है। मैं अपने सभी ग्राहकों के साथनिरन्तर सम्पर्क में रहता हूँ, लेकिन समय भागता दिखता है।मैं विशेष प्रयास करता हूँ और मैं स्वतंत्र रूप

से स्वयंसेवा में भाग लेता हूँ। तोभी मुझसे क्या छूट रहा है? क्या मैं सही काम कर रहा हूँ?"

यदि आप अपने प्रभाव क्षेत्र में एक पैमाना बदलें तो शायद अधिकांश मामलों में, उत्पन्न समस्याओं का समाधान एक नए दृष्टिकोण को अपनाने में हो जाता है। । आपको समझना चाहिए कि केवल सकारात्मक क्रिया करने का आपका दृष्टिकोण और अधिक प्रभावी काम कर सकता है।

यह मान लीजिए कि कोई भी सपना अनायास ही साकार नहीं हो जाता। अपने सपने पूरे करने के लिए, हमें दुनिया को अपना सर्वश्रेष्ठ देना होगा। ऐसा करके, हम सकारात्मक परिणाम आकर्षित करते हैं।

हमें अपने हर दिन के समापन को एक और खुशियों भरी शाम की शुरुआत के रूप में देखना चाहिए। सकारात्मक दृष्टिकोण हमारी जीवन की दृष्टि से यह सब अंतर हो सकता है। समापन में, जीवन कठिन हो सकता है, परंतु यह हम पर निर्भर करता है कि क्या वह हमें कुचल रहा है या सजा रहा है। सफलता की कुंजी हमारी दृष्टिकोण, दृढ़ संकल्प और समर्पण में ही है।

• बाधाओं से निरुत्साहित न होना

यह सत्य है कि सफलताओं की लागत ऊँची हो सकती है, लेकिन उससे प्राप्त प्रसन्नता का महत्व उससे भी अधिक होता है। यह महत्वपूर्ण है कि हम याद रखें कि असफलता के बावजूद मंजिल पाने की यात्रा का वह एक महत्वपूर्ण हिस्सा है। हमारी सफलताए हम इन बाधाओं के प्रति कैसे प्रतिक्रिया करते हैं, पर निर्भर करता है।

• कार्पेडिएमः सफलता के लिए हर अवसर को छूने की कला

अपने सपनों को पूरा करने के लिए, हर दिन को पूरी तरह जीकर, हिचकिचाहट के बिना, अपनी सभी आकांक्षाओं का अनुश्रवणकरें। ऐसा दृष्टिकोण अपनाएं कि आज आपकी आखिरी चांस है, किसी भी पत्थर को अछूता नहीं छोड़ने और किसी शब्द को अनकहा नहीं छोड़ने के साथ। याद

रखें कि कल गुजर गया है, परंतु कल आपका है जीतने के लिए या हारने के लिए।

अपने विचारों पर कार्रवाई करें और उन्हें हकीकत में बदल दें क्योंकि प्रेरणा केवल शुरूआत करेगी, परंतु आदत आपको आगे बढ़ने में मदद करेगी। एक काम के गवाह बनें और सक्रिय रहने को अपनी दिनचर्या का हिस्सा बनाएं।

• असहज अवधारणाओं का दबाव

जब एक अवधारणा दबाई जाती है, तो अंधकार या अर्ध-चेतनाका क्षेत्र बनता है जहां बहुत समय तक कई मूर्ख विश्वास ठहरते हैं। कुछ उदाहरणों में इन अवधारणाओं में दुख, दर्द, मौत, अकेलापन, त्याग और बुराई शामिल हैं। ये अवधारणाएँ सामान्य व्यक्ति के लिए गहराई से घृणित होती हैं, और इस परिणामस्वरूप इन विचारों का महत्वपूर्ण दबाव दिन-प्रतिदिन आपकी ऊर्जा व्यर्थ करती है। इन्हें आपको शीघ्रताशीघ्र त्यागना होगा।

• दबी हुई अवधारणाओं के पुनर्संघटन का महत्व

दुर्भाग्यवश, कुछ धारणाएँ समाज द्वारा दबाई जाती हैं, जिससे गलत धारणाओं का निर्माण होता है। ऐसी ही कुछ गलत धारणाएँ घिनौनी होने के कारण हमारे दैनिक जीवन पर दूरगामी प्रभाव डाल सकती हैं। उनको हम भूल जाना चाहते हैं क्योंकि उन्हें अपनी चेतना में पुनः सम्मिलित करने के लिए बहुत साहस की आवश्यकता होती है। तथ्यात्मक रूप सेए सभी धारणाएँ बराबर होती हैं, लेकिन हमारे अतीत के अनुभव और अज्ञान के कारण कुछ धारणाओं को अन्यों के प्रति अधिक पसंद या घृणा करने की प्राथमिकता हो सकती है। हमें उनमें से चयन करना होगा।

गलत धारणाओं के पुनर्संघटन का मतलब यह नहीं है कि हम उनके प्रति आकर्षित हो जाते हैं। पुनर्संघटन का मतलब है कि हमने उनके साथ एक स्थिति का संरचन किया है। हम उनके प्रति न तो आकर्षित होते हैं और न ही उनसे घृणा करते हैं। उदाहरणस्वरूप, जब नफरत का सामना करने का

समय आता है, हमारे मन में इससे पीछे हटने की कोई प्रतिक्रिया नहीं होती है और इस प्रकार, हम सामान्यतः बुद्धिमत्ता में रहते हैं, पूर्णतः चेतन रहते हैं, ताकि हम स्थिति को सबसे उपयुक्त तरीके से संबोधित करने के लिए अपनी सभी आंतरिक गुणधर्मों का उपयोग कर सकें।

• अद्वितीयता को उन्मुक्त करना: सपनों को साकार करने में संकल्प की शक्ति

जीवन में सबसे बड़ी खुशी उस समय होती है जब हम वो हासिल करते हैं जिसे दूसरे असंभव मान चुके थे। इसके लिए अपने सपनों को साकार करने का मजबूत संकल्प पहले होना चाहिए। यह एक रूपांतरणकारी प्रक्रिया हो सकती है जो व्यक्तित्व को निर्माण करने में मदद करती है और उसकी पहचान बनाती है। सफलता को बढ़ावा देने के कुंजी दृष्टिकोण, संकल्प और तैयारी में निहित है।

सफलता की कोई गारंटी नहीं है लेकिन सही दृष्टिकोण, संकल्प और प्रयास के साथ, आप अपने लक्ष्यों की प्राप्ति की संभावनाओं को बढ़ा सकते हैं। याद रखें कि अपने व्यापारिक कार्यों का नियंत्रण रखें, उन सभी चुनौतियों के लिए तैयार रहें जो उत्पन्न हो सकती हैं, एक अच्छे नींद के लिए प्राथमिकता दें, और सफलता की संभावनाओं को बढ़ाने के उपाय अपनाएं।

• आंतरिक परिवर्तन के लिए छोड़े गए अवधारणाओं को एकीकृत करना

आप आंतरिक और बाहरी रूप से आराम कर सकते हैं। सभी गुणों के संघटित श्वेत प्रकाश को अपने सभी भागों में विभाजित होते हुए देखें, जो आपको सफाई, सुरक्षा, उपचार और ऊर्जा प्रदान करते हैं, वास्तविक रूप से आपके भौतिक शरीर से बाहर रेडिएट होते हैं, आपके चारों ओर के वातावरण को उत्तेजना देते हैं।

ऐसा एक अवधारणा का चयन करें जो सामान्यतः मृत्यु, क्षय या पीड़ा आदि के रूप में त्यागी जाती है। उसके बारे में किसी भी दोषयुक्त विश्वास को छोड़ दें। उस भाग से संरूप होने का प्रयास करें जो पहले से ही सभी अवधारणाओं को समान रूप से पसंद करता और स्वीकार करता है।

अपनी चेतना को उस अवधारणा के साथ प्रवेश करने और मिलने दें, जिसे आपने पुनर्संचय करने का निर्णय लिया है, और उसके साथ जुड़े मिथ्या धारणाओं और आदतों को छोड़ने के लिए सहमत होने का वक्त दें। जैसे ही आपकी आनंद और करुणा की भावनाएँ बढ़ती हैं, आप दिमाग की आँख में देख सकते हैं कि अंधकार आपसे दूर हो रहा है ।

अगर आप इसे सही तरीके से करते हैं, तो आपको यह महसूस होगा कि पिछले समय में अवधारणाओं को त्यागकर, आपने अपने अंदर कई विचारधाराओं को अस्वीकार किया है और वास्तविकता को एक विकृत और नकारात्मक दृष्टिकोण से देखा है।आपको धीरे-धीरे महसूस हो सकता है कि आमतौर पर त्यागी गई अवधारणाओं को अपनी चेतना में पुनः समाहित करने का क्या महत्वहै। जैसा कि आप जानते हैं, मृत्यु और क्षय आपके भीतर प्राकृतिक प्रक्रियाएं हैं।

जब आप अपने विश्वास या आदत से अपनी ध्यान ऊर्जा वापस लेते हैं, तो वह क्षय और मृत्यु की प्रक्रियाओं का पतन होता है। आपके शरीर की कोशिकाएँ निरंतर मर रही हैं और स्वस्थ और प्रेरणास्वरूप नई कोशिकाओं द्वारा पुनर्निर्मित हो रही हैं।इन दोनों मामलों में और अन्य मामलों में, अगर चेतना संबंधित अवधारणाओं को त्यागती है क्षय और मृत्यु की प्रक्रियाएँ बाधित और विच्छेदित हो सकती हैं।

• दुःख से बचाव के लिए सत्य को स्वीकार करना

मृत्यु और क्षय जीवन के अवितर्कनीय तथ्य हैं। भौतिक भोग-विलास में अत्यधिक आसक्त होने की अपेक्षा इस सत्य को स्वीकार करकेए हम किसी ऐसे चक्रव्यूह में नहीं फंसेंगे जो वास्तव में क्षणिक और क्षयशील हैं। ऐसी

आसक्ति दुःख का कारण होती है। इसलिए अन्तहीन असन्तुष्टि के स्थान पर पर्याप्त एवं निर्धारित सन्तुष्टि के आधार पर अपने लक्ष्यों को निर्धारित करना चाहिए।

यह भी सत्य है कि हम अपने जीवन की लंबाई को नियंत्रित नहीं कर सकते हैं, लेकिन हम निश्चित रूप से उपलब्ध समय का सर्वोत्तम उपयोग कर सकते हैं। संकल्प और सकारात्मकता के साथ अपने सपनों को साकार करके, हम अपने जीवन को श्रेष्ठ बना सकते हैं जो केवल हमारे ही नहीं, बल्कि हमारे चारों ओर के लोगों पर भी प्रभाव डालता है।

• कृतज्ञता, विनम्रता और संकल्पों को संतुलित करना

स्पष्ट लक्ष्य निर्धारित करना और उनको प्राप्त करने के लिए सही दिशा में हर कदम उठाना सफलता प्राप्त करने के लिए महत्वपूर्ण है। आपके पास मजबूत संकल्प और अपनी क्षमताओं में दृढ़ विश्वास भी होना चाहिए। याद रखें, प्रतिभा ईश्वर की दी हुई एक उपहार है, इसलिए उसके लिए कृतज्ञ रहें। दूसरों की प्रशंसा भी एक उपहार है, इसलिए धन्यवाद करें। घमंड से बचें, जो आपने अपनी क्षणिक सफलताओं के आधार पर निर्मित कर लिया गया हो। आपको सावधान रहना होगा कि अपनी किसी सफलता पर आपको आया अभिमान आपको निगल न जाए।

• भय पर विजय प्राप्त करना और अत्यधिक ध्यान देने वाले अवयवों को पुनः एकत्र करना

असफलता का भय हमें कमजोर बना सकता है, जिससे कि हम किसी भी प्रयास से बचते हैं और अवसरों का अनुसरण नहीं करते। विकल्प के रूप में, हम सफलता पर इतना ज्यादा ध्यान केंद्रित कर सकते हैं कि हम उस का आनंद नहीं प्राप्त कर पाते। कभी कभी हम सफलता न मिलने पर अत्यधिक निराश भी हो जाते हैं जिससे हमारे अन्य स्त्रोत भी नष्ट हो सकते हैं। यह महत्वपूर्ण है कि हर असफलता में आपको कुछ ऐसे मूल्यवान अंश मिलेंगे जो भविष्य की सफलता की ओर ले सकते हैं। अगर हम अपनी पिछली

असफलताओं से पीछे हटने की अनुमति नहीं देते हैं, तो हम उनके द्वारा धारित मूल्यवान डेटा का उपयोग नहीं कर पायेंगे।

जब हमे अपने निर्वासित या त्यागे गए विचारों से मिलकर काम करना होता हैए तो हम अक्सर अपने महत्वपूर्ण नैतिक मूल्यों को समझौता कर लेते हैं और ऐसे निर्णय लेते हैं जो हमारी बेहतर ज्ञान के खिलाफ होते हैंए सिर्फ उन लोगों को प्रसन्न करने के लिए जिनके पास हमारे सर्वोत्तम हित की पर्वाह नहीं होती है। यह भय भी हमें सामाजिक मानकों का पालन करने और हानिकारक परंपराओं या प्रथाओं का विरोध नहीं करने में मजबूर कर सकता है, सब इसलिए कि हमें क्षणिक लाभों के लिए उन्हें स्वीकार करने की मजबूत इच्छा होती है। हमें उन पर विजय पानी होगी।

इस प्रकार के नकारात्मक पहलुओं को हम कैसे सुलझा सकते हैं? हम आसानी से संबंधित अवयवों को पुनः एकत्र कर सकते हैं और अब तक के सुझावों को क्रियान्वित कर सकते हैं। यदि आप अपनी पूरी क्षमता को प्रकट करने के प्रति समर्पित हैं, तो स्वतंत्र और सृजनात्मक विचार का प्रयास करना, साथ ही एक स्वस्थ जिज्ञासा बनाए रखना महत्वपूर्ण है। क्या आप उन फायदों की पहचान कर सकते हैं जो त्यागे गए अवयवों को पुनः एकत्र करने से होते हैं? यदि नहीं, तो अपने उदाहरणों की विचारशीलता को प्रोत्साहित करने के लिए खुद को चुनौती दें।

मुख्य विचारणीय बिन्दु

1. **मेहनत और समर्पण:** सफलता का मार्ग सतत् और समर्पित प्रयासों से सजा होता है। अपने लक्ष्यों को प्राप्त करने के लिए आवश्यक काम करने की प्रतिबद्धता की आवश्यकता होती है।

2. **सकारात्मक दृष्टिकोण:** सकारात्मक मानसिकता की बनाए रखना व्यक्तिगत और पेशेवर सफलता दोनों के लिए महत्वपूर्ण है। एक निर्माणात्मक दृष्टिकोण सहायता करता है कि चुनौतियों को पार किया जा सके और सफलता को शक्ति प्रदान कर सके।

3. **संकल्प और प्रतिरोध:** मजबूत संकल्प और प्रतिरोधशीलता की मजबूरी होती है। विपर्यास और प्रतिरोध के सामने अटल धैर्य बनाए रखने की क्षमता सफलता की यात्रा में एक शक्तिशाली उपकरण होती है।

4. **अवसरों पर सकारात्मक क्रियाएँ:** सफलता सक्रिय रूप से अवसरों को छूने और सकारात्मक क्रियाओं को लेने से आती है। सफलता आपके पास आने की प्रतीक्षा करना सक्रिय रूप से उसे पीछे न करने के मुकाबले कम प्रभावी होता है।

5. **अद्वितीयता और परिवर्तन को आग्रह करना:** अपनी अद्वितीयता को पहचान लेना और व्यक्तिगत शक्तियों का उपयोग करना सपनों को प्रकट करने के लिए कुंजी है। परिवर्तनात्मक विकास अक्सर दबे हुए विचारों को पुनः व्यवस्थित करने, छोड़ी गई अवधारित अवधारणाओं को एकीकृत करने और आंतरिक विकास के लिए सत्य को स्वीकार करने में शामिल होता है।

निष्कर्षः

सफलता की दिशा की ओर मानव अपने प्रतिरोध और दृढ़ता के साथ ही बढ़ सकता है। यह अध्याय जीवन की चुनौतियों को सकारात्मक दृष्टिकोण से देखने, संकटों पर विजय प्राप्त करने की शक्ति को उपयोग करने, और सपनों में प्रकट होने वाले अवसरों के महत्वपूर्ण प्रभाव को प्रकाशित करता है। जैसे ही हम अगले अध्याय की ओर बढ़ते हैं, प्रकाश निरंतर "निर्धारण की शक्ति" पर रहता है।

यहाँ, हम असंभव का मुकाबला करने, सफलता प्राप्त करने के लिए क्रिया और निर्धारण के बीच सहयोगी संयोजन, और प्रशंसा और प्रोत्साहन के परिणामस्वरूप परिवर्तनकारी प्रभावों को देखते हैं। हम व्यक्तिगत विकास के लिए चुनौतियों का सामना करने, अपने विश्वास और संकल्प को पोषण

करते हुए संकटों को पार करने, और आखिरकार सफलता के वास्तविक स्वरूप को खोज सकते हैं।

जैसे हम इस अन्वेषण के अगले चरण पर उत्तरण करते हैं, हम आंतरिक संभावनाओं को खोलने वाली चाबियों को सुलझाने की दिशा में बढ़ते हैं, जो हमें आकांक्षाओं की पूर्ति की ओर मार्गदर्शन करेंगी।

“जानना पर्याप्त नहीं है; हमें लागू करना होता है। इच्छा पर्याप्त नहीं है; हमें करना होता है।“
- दृ योहान वोल्फगैंग वॉन गोएथे“

• • • • • • • • • • •

11

आत्मविश्वास की शक्ति

Image by storyset on Freepik

"सफल होने के लिए केवल दो नियम होते हैं। पहला, सटीक
रूप से यह तय करें कि आप क्या करना चाहते हैं, और दूसरा
उसे करें।" -मारियो क्वोमो

एक समृद्ध शहर में, एरिस नामक एक युवा रहता था। वह बेहद महत्वाकांक्षी था और हमेशा समृद्ध होने के सपने देखता था। ऐसा होना अनोखा नहीं था क्योंकि प्रायः सभी युवक जो एरिस की उम्र के थे, ऐसा

करते हैं। एरिस किसी भी अन्य से अलग नहीं थी, लेकिन उसका संकल्प उसे अलग बना रहा था। वह एक निर्धन परिवार की बेटा था जहाँ रोटी, कपड़ा और मकान पर ही खर्च भर के लिए आय हो पाती थी। शिक्षा पर भारी व्यय उस परिवार के बस में नहीं था।

एरिस हमेशा उन व्यक्तियों की कहानियाँ पढ़ता रहता था जिन्होंने संघर्ष को मात देने के लिए असंभव परिस्थितियों का सामना किया। उसका मानना था कि असंभव और संभव के मध्य का अंतर केवल किसी के अटल संकल्प में है। इस विश्वास के साथए उसने अपनी जीवन यात्रा में स्वतन्त्र कदम बढ़ाया जिसने उसकी जिंदगी को हमेशा के लिए बदल दिया।

एरिस जानता थी कि केवल सपने देखना पर्याप्त नहीं होगा। कई पुस्तकों के अध्ययन से उसने समझा कि वास्तविक सफलता के लिए कार्य करने की आवश्यकता है। इस ज्ञान के साथ, उसने एक भवननिर्माण करने वाली कम्पनी के कार्यालय में अंशकालिक कार्य करना आरम्भ कर दिया। इस कार्यालय में मकानों के नक्शे के बनते थे। धीरे धीरे उसने सहयोगी कार्मिकों से नक्शे बनाना सीखा और अपने ज्ञान की वृद्धि के लिए शहर के एक प्रतिष्ठित वास्तुकला कार्यक्रम में प्रशिक्षण लेना आरम्भ किया। यहां से उसका एक वास्तुकला प्रवीण विशेषज्ञ होने के सपने की ओर पहला कदम था।

दिन रात की तरह बदल गए जब एरिस ने अविरत रूप से डिज़ाइनों पर मेहनत की। चुनौतियाँ आईं, लेकिन एरिस का संकल्प अचल बना रहा। उसने महसूस किया कि सफलता भाग्य का मामला नहीं था; यह उसकी दृढ़ इच्छाशक्ति के परिणाम था कि विचलनों को पार कर सका।

एरिस की यात्रा में ऐसे पल भी आए जब उसके द्वारा बनाये गये नक्शों को कुछ ग्राहकों ने अस्वीकृत कर दिया। एरिस ने प्रशंसा और प्रोत्साहन की शक्ति को समझ लिया था। उसने उन मेंटरों के साथ कार्य करना आरम्भ किया जिनको उसकी क्षमता में विश्वास था।

असफलता एक सड़क पर पत्थर नहीं थी; यह एक कदम का पत्थर था। एरिस ने अपने मेंटरों के समक्ष अपनी गलतियों से सीखने में अपनी संकल्पित इच्छा को प्रस्तुत किया, यह सुनिश्चित करते हुए कि प्रत्येक सेटबैक उसकी सफलता की इच्छा को उकेरने का साधन बने। मार्ग कठिन था, लेकिन उसका ध्यान अचल रहा।

जैसे-जैसे एरिस आगे बढ़ाए उसने ऐसी बाधाएँ भी पाई जो अत्यधिक दुर्गम लग रही थीं। संदेह, भय और चुनौतियाँ उसके मार्ग को ढक रही थीं, लेकिन एरिस ने इन बाधाओं को विकास की संभावनाओं के रूप में देखा। उसने अपनी कमजोरियों की पहचान की और मेहनती रूप से उन्हें अपने शक्तियों में बदलने का प्रयास किया।

एरिस की यात्रा निर्णायक लम्हे तक पहुँची जब वह अपने जीवन के लम्बे समय सपने को पूरा करने की सीमा पर खड़ा हुआ। मार्ग चुनौतीपूर्ण रहा था, लेकिन उसका संकल्प कभी कम नहीं हुआ। उसने अपने सपनों को अपनी अटल अविनय से और अडिग निरंतरता के साथ वास्तविकता में तब्दील किया।

एरिस ने अपना एक अलग कार्यालय बनाया और विशेषज्ञों की एक टीम गठित की। अपने क्रियाओं और चरित्र द्वारा उस टीम का नेता बनने का सबूत दिया। उसने समय के अन्तराल में ग्राहकों से संवाद करने और अपने कर्मचारियों को और अच्छा कार्य करने के लिए प्रेरित करने की क्षमता पैदा की। एरिस की प्रगति और अधिक गति से बढ़ी। उसकी संकल्पना ने उसकी सफलता के पीछे ड्राइविंग फ़ोर्स का काम किया था।

एक गरीब परिवार में पैदा हुई और अब शहर की जानी-मानी एरिसकी कहानी संकल्प की शक्ति के एक साक्षी बन गई। उसकी यात्रा ने असंभव को मात दिया, जो साबित करता है कि निरंतर सहनशीलता के साथ, कोई भी सपना प्राप्त किया जा सकता है। एरिसकी विरासत आने वाली पीढ़ियों को प्रेरित करती हैए उन्हें याद दिलाती है कि वे जिनकी आत्मसीमाएँ हैं, वे ही सीमाएँ हैं जो हम खुद पर रखते हैं।

और शहर पहले की तरह व्यस्त रहा,लेकिन एरिस की कहानी कई लोगों के लिए एक आशा की किरण बन गई। उसके संकल्प न केवल उसके जीवन को बदला, बल्कि उसने उन सभी के अंदर एक संभावना जगाया जिन्होंने उसकी कहानी को सुना। संकल्प की शक्ति प्रबल हुई, और असंभव को संभव किया गया था।

• संकल्प की शक्ति: असंभव को संभव करना

असंभव और संभव के बीच का अंतर आपके संकल्प में होता है। किसी लक्ष्य को संभव करने के लिए आपके मजबूत मानव गुणों में से एक गुण आपकी क्षमता है कि आप अपने लक्ष्यों की ओर अपने मार्ग को निश्चित कर सकते हैं। आप को महापुरुषों के संघर्षों के कहानियाँ पढ़नी चाहिए, कैसे वे अपने सपनों तक पहुंचे का अध्ययन करना चाहिए। हमारे बार-बार पठन से कभी-कभी हमें लगने लगता है कि ये लोग हमारे चारों ओर हैं।

• सफलता प्राप्त करने में कार्यशीलता और संकल्प की शक्ति

हम जब इतिहास का अध्ययन करते हैं, तब यह ज्ञात होता है कि कई महत्वपूर्ण खोज और उपलब्धियाँ व्यक्तियों की उत्कृष्ट कार्यों के कारण हुई हैं। यदि उन्होंने अपनी आकांक्षाओं को पूरा करने के लिए आज कार्रवाई करनी होती है और इसे कल पर टाल देते तो वे इस प्रकार की विलंबसे अवसर चूक सकते थे। कुछ लोग सोच सकते हैं कि सफलता केवल भाग्य या असामान्य क्षमताओं का परिणाम है, लेकिन महान व्यक्तियों के कार्यों का निकट से अध्ययन करने पर यह स्पष्ट होता है कि वे मूल रूप से हमसे भिन्न नहीं होते। बल्कि उनका अडिग संकल्प और हार न मानने की इच्छा ने उन्हें सफलता की ओर अग्रसर करने में महत्वपूर्ण भूमिका निभाई है।

• प्रशंसा, प्रोत्साहन और संकल्प के माध्यम से सफलता प्राप्त करना

जैसे लोगों में श्रेष्ठता उनकी प्रशंसा और प्रोत्साहन के द्वारा उभर आती है, अपने लक्ष्यों को प्राप्त करने के लिएए स्वयं के लिए, अपने टीम के लिए और अपने संसाधनों के लिए भी वैसा ही करें। असफलता के सामने असफलता नहीं मानें, बल्कि इसे सावधानीपूर्वक अगला कदम उठाने के लिए उपयोग करें। बाधाएँ हमेशा उत्पन्न होती रहेंगी, लेकिन अपने लक्ष्यों पर ध्यान केंद्रित रखें। आपकी क्षमताओं को पहचाना नहीं जाएगा जब तक आप प्रयास नहीं करते। कुछ चाहना कुछ करने की इच्छा से भिन्न है, बाधाओं पर विजय पाने के लिए मजबूत संकल्प की आवश्यकता होती है। सफलता केवल कुछ चुनिंदा लोगों के लिए आरक्षित नहीं है। यह वही हासिल कर सकते हैं जिनके पास अपने सपनों को साकार करने के लिए संकल्प और सतत् सक्रिय रहने का साहस है। आज कार्रवाई कार लेने और कल तक विलंब न करने से, व्यक्तियों के लक्ष्य प्राप्त करने की संभावनाएँ बढ़ सकती हैं। यह महत्वपूर्ण है कि बाधाएँ यात्रा का प्राकृतिक हिस्सा हैं, और उनका सामना करने और उन पर विजय पाने की इच्छा ही उन योग्य व्यक्तियों को अलग करने में मदद करती है।

• बाधाओं पर विजय प्राप्त करना और व्यक्तिगत विकास सुनिश्चित करना

अपनी कौशल में सुधार करने दौरान किसी भी बाधा की पहचान करना महत्वपूर्ण है। इसमें समस्या की विशिष्ट प्रकृति का पता लगाना और अपने प्रयासों को उसके आधार पर केंद्रित करना शामिल है। उदाहरण स्वरूप, अगर आप परिवर्तन के लिए संघर्ष करते हैं, तो अपने अन्दर साहस पैदा करना महत्वपूर्ण है। अगर आप में रुचि की कमी है, तो जिज्ञासा को पोषित करना फायदेमंद हो सकता है। और अगर आपको अक्षमता का अहसास होता है, तो आत्मविश्वास को बढ़ाना जरुरी हो सकता है। इस दृष्टिकोण का

अनुसरण करके, आप चुनौतियों को विकास और सफलता के अवसरों में बदल सकते हैं।

वर्तमान में, शायद आप इन पंक्तियों को केवल मनोरंजन का एक साधन मानते हो तो वह अपनी दैनिक समस्याओं से एक भटकाव माना जा सकता है। आप मान सकते हैं कि सुझाई गई क्रियाएँ केवल न्यूनतम लाभ प्रदान करेंगी या आप अपने अभ्यास के बारे में बाध्यकारी विचारों से प्रभावित रहसकते हैं।

मैं यकीन करता हूँ कि जब आप फिर से इन पंक्तियों का अवलोकन करेंगे, तो आप ध्यान देंगे कि महत्वपूर्ण सकारात्मक परिवर्तन न केवल संभावित हैं, बल्कि यदि आप अपने अभ्यासों में समर्पित होते हैं, तो वे अपरिहार्य भी हैं। परिवर्तन सुनिश्चित करने के लिएए आपके पास एक उत्कट लालसा और संकल्प के साथ प्रभावी तरीके भी होने चाहिए। अपनी आकांक्षाओं को पूरा करने के लिएए आपको आंतरिक उत्साह और संकल्प पैदा करना होगा। आपको अपनी समस्याओं के समाधान ढूंढने और नई गंतव्यों को पहुँचने के रास्तों की खोज में निरंतर प्रयास करने की आवश्यकता होगी।

सफलता पूरे मन से आपका वरण करेगी क्योंकि आपके पास एक विचार है और उसको पूरा करने का एक संकल्प एवं रणनीति। उचित योजनानुसार और संकल्प के साथ, आप विश्वास से अपने सपने साकार कर सकते हैं। याद रखें, जीवन में एकमात्र गारंटी यह है कि अगर आप जोखिम नहीं लेते हैं, तो आप कुछ भी प्राप्त नहीं करेंगे। सच्चाई यह है कि अगर आपको लगता है कि आप सफल हो सकते हैं, तो आप पहले से ही आधे रास्ते पर हैं।

• सपनों का साकार करने में प्रोत्साहन की भूमिका

अपने सपनों को पूरा करने के लिएए आप जो बेहतरीन चीज़ें कर सकते हैं, उनमें से एक प्रोत्साहक बनने का अभ्यास करना है। क्यों? क्योंकि अपने लक्ष्यों को प्राप्त करने के लिए आमतौर पर दूसरों के साथ काम करने की आवश्यकता होती है। आपको एक टीम को संगठित करने की आवश्यकता

हो सकती है, संसाधनों को एकत्र करने की आवश्यकता हो सकती हैए या दूसरे स्त्रोतों से मदद मांगने की आवश्यकता हो सकती है। प्रोत्साहन की भावना अपनाकर, आप न केवल जब किसी और की लक्ष्यों तक पहुँचाने में मदद करते हैं तो अच्छा महसूस करेंगे, बल्कि आप स्वयं को भी कई तरीकों से लाभान्वित करेंगे।

उदाहरण के लिए, मैंने खुद यह महसूस किया है कि दूसरों को प्रोत्साहित करके, मेरे जीवन की कुल गुणवत्ता में सुधार हुआ है। मैं न केवल खुशी की भावनाएँ महसूस करता हूँ जब मैं किसी की मदद करता हूँ, बल्कि मुझे सिर्फ इसलिए भीभाग्यशाली रूप से संदर्भ मिलते हैं क्योंकि कोई मित्र या सहयोगी किसी को मेरे पास भेजने में आरामदायक महसूस करता है।

जीवन की एक तथ्य है कि वहाँ कई लोग होते हैं जो निराशावादी होते हैं। लेकिन आपके दैनिक जीवन में प्रोत्साहन की भावना को वास्तविक रूप से अपनाकर, आप सकारात्मकता और आशीर्वाद को स्वाभाविक रूप से आकर्षित करेंगे। आखिरकार, हर कोई महान इन्सान बनना चाहता है, और दूसरों को महान करके, आप खुद भी देखेंगे कि आप भी इस प्रक्रिया में महान होते जा रहे हैं।

हर वो चीज़ जो आप करते हैं, उसमें प्रोत्साहन अभ्यास करने से आपको अपने सपनों को पाने में मदद मिल सकती है। जाइए और जहाँ भी आप जाएं, सकारात्मकता और प्रोत्साहन फैलाएं। आपके जीवन और आपके आस-पास के लोगों के जीवन पर यह कितना सकारात्मक प्रभाव डाल सकता है, इसमें आप आश्चर्यचकित हो जाएंगे।

• प्रेरणा, आदतें और नेतृत्वः सफलता की कुंजी

प्रेरणा वह चीज़ हो सकती है जो आपको प्रेरित करती है कि आप शुरुआत करें, लेकिन आपकी आदतें ही वह होंगी जो आपको दीर्घकालिक रूप से सहायक बनाएंगी। आपको अवसरों का इंतजार नहीं करना चाहिएए बल्कि

आप उन्हें स्वयं बना सकते हैं। नियमित रूप से क्रियाएँ करके, आप अपने सपनों को वास्तविकता में बदल सकते हैं।

अपने लक्ष्यों को प्राप्त करने के लिएए अपने प्रेरणा बिन्दुओं को खोजें और सफल लोगों की तरह दृढ़ता से काम करें। जीवन का महत्वपूर्ण पहलू यह है कि हम किस दिशा में जा रहे हैं, न कि वर्तमान स्थिति। आगे बढ़ते रहें। हमारा परिश्रम हमें व्यक्तिगत विकास से नवाज़ता है, सामग्री संपत्तियों से नहीं। हमें अपने गंतव्य तक पहुँचने के लिएए जीवन की चुनौतियों को पार करना होगा।

नेतृत्व बनाने के लिए एक दिखावटी शीर्षक या उच्च-प्रोफाइल जगह की आवश्यकता नहीं है। चाहे आप किसी फॉर्च्यून 500 कंपनी के सीओ हों या स्थानीय हाई स्कूल के एक सफाईकर्मी, हर काम जो आप करते हैं, महत्वपूर्ण होता है, और प्रत्येक दिन दूसरों के लिए एक उदाहरण स्थापित करने का एक अवसर प्रस्तुत करता है। इसलिए यह महत्वपूर्ण है कि कुछ विशेष गुण विकसित करें। प्रभावी नेता की एक मुख्य विशेषता दूसरों से जुड़ने की क्षमता है। जब एक कमरे में बहुत सारे अजनबी हों तो एक मुस्कान साझा करके और स्वयं का परिचय देते हुए शुरुआत कर सकते हैं। यह सरल इशारा सीमाओं को तोड़ सकता है और लोगों को आरामदायक महसूस करा सकता है।

आपको एक और महत्वपूर्ण आदत का विकास करना होगा। वह आदत है कि आप दूसरों की मज़बूतियों और सफलताओं की प्रशंसा करें। ऐसा करके, आप न केवल उनकी मनोबल को बढ़ावा देंगे, बल्कि आप ऐसे सकारात्मक माहौल को भी बनाएंगे जो विकास और टीमवर्क को प्रोत्साहित करता है। ये गुण छोटे दिख सकते हैं, लेकिन वे आपके दूसरों के साथी बनने के संबंधों में बड़े अंतर को बना सकते हैं। ध्यान दें कि नेतृत्व केवल आदेश देने या महत्वपूर्ण निर्णय लेने के बारे में नहीं है। यह दूसरों को उनके सर्वोत्तम आत्मा की प्रेरणा देने और एक सामान्य लक्ष्य की ओर मिलकर काम करने के लिए प्रेरित करने के बारे में है। इन गुणों को अपने जीवन के हर पहलू में अभ्यास करके, आप एक कुशल नेतृत्व कर सकते हैं।

अपने सपनों को पूरा करने के लिएए अपना सर्वश्रेष्ठ प्रयास करें और भविष्य की सफलता के लिए अच्छे बीज बोएं। अगर आप गिर पड़ें, तो आगे बढ़ें और सफल लोगों के साझा गुणों की अवलोकन करके उनसे सीखें। हालांकि कि उनके मार्ग भिन्न हो सकते हैं, उनके गुणों का अध्ययन करने से आपको सफलता की दिशा में मार्गदर्शन हो सकता है। व्यावसायिक साहित्य और जीवनियाँ भी इस प्रक्रिया में सहायक हो सकते हैं। अपने जीवन में आप सकारात्मक गुणों को लागू करने पर केंद्रित रहें।

"वे लोग जो इतने पागल होते हैं कि वो सोचते हैं कि वे दुनिया को बदल सकते हैं, वो ही वो लोग होते हैं जो यह काम करते हैं।" - स्टीव जॉब्स

लेखक के विषय में

अ पने सपने कैसे साकार करें? के लेखक विनोद कुमार गुलाटी का एक संक्षिप्त परिचय

विनोद एक अनुभवी लेखक हैं और मानते हैं कि आयु बढ़ने के साथ बुद्धि तीव्र होती है और अनुभव अंतर्दृष्टि प्रस्तुत करता है। वाणिज्य और कानून की अकादमिक शिक्षा के साथ विनोद विपणन रणनीति, उत्पाद चयन, परियोजना रुपांकन और तक्नो-वित्त मूल्यांकन में प्रवीणता प्राप्त की है।

व्यावसायिक रूप से, विनोद परामर्शिक भूमिकाओं के साथ विभिन्न क्षेत्रों में सक्रिय सेवाएं देते रहे हैं जिसमें उत्तर प्रदेश राज्य सरकार की एक औद्योगिक उपक्रम में लगभग 12 वर्षों का कार्यकाल भी सम्मिलित है जिसमें उन्होंने उत्पाद अभिज्ञापनए निर्माण परियोजना का रुपांकन और कार्यान्वयन किया। कालान्तर में उन्होंने एक स्वतंत्र सामग्री लेखक के रूप में भी कार्य करते हुए लघु क्षेत्र की इकाइयों के लिए परामर्श सेवाएं देते रहे।

विनोद अपनी दक्षता का परिचय विभिन्न उद्योग और समूहों के लिए नैदानिक सर्वेक्षण रिपोर्ट (डीएसआर) और विस्तृत परियोजना रिपोर्ट (डीपीआर) तैयार करने में भी प्रदर्शित कर चुके है। इसके अतिरिक्त, उत्पादन प्रक्रिया

के विभिन्न पहलुओं वाली विनिर्माण कंपनियों के लिए कार्यक्षमता रिपोर्ट भी तैयार की है।

अपने व्यावसायिक कार्यों के अतिरिक्त, विनोद ने अपने अर्जित अनुभव और दृष्टिकोण को विभिन्न मंचों पर साझा किया है, जिसमें फिटनेस और विभिन्न समस्याओं के समाधानं पर केंद्रित ब्लॉग और वेबसाइट्स शामिल हैं। अपने लेखन के माध्यम से, विनोद का उद्देश्य अपने अनुभवकोष को साझा करना और दूसरों को मूल्यवान जानकारी प्रदान करना है।

समग्र रूप से, विविध व्यावसायिक पृष्ठभूमि के साथ योजना रुपांकन और कार्यान्वयन में विस्तृत अनुभव, निरंतर सीखने के प्रति समर्पण व्यावसायिक परियोजना प्रबंधन और उद्योग विकास के क्षेत्र में लेखक को सफल उद्यमी के रुप में प्रतिष्ठापित करता है।

• • • • • • • • • • •

मेरा आपसे एक छोटे सा अनुरोध है!

आरम्भतः, मैं आपको इस पुस्तक को पढ़ने के लिए समय निकालने के लिए हार्दिक धन्यवाद देना चाहता हूँ। आप किसी और पुस्तक का चयन कर सकते थे, लेकिन आपने मेरी पुस्तक का चयन किया, और मैं आपका अभिनन्दन करता हूँ। मुझे आशा है कि इस पुस्तक से आपको कम से कम कुछ प्रायोगिक दृष्टिकोण मिले होंगे जो आपके दिन-प्रतिदिन के जीवन पर सकारात्मक प्रभाव डालेंगे।

क्या मैं आपसे, आपके समय के 30 सेकंड और लेकर यह पूछ सकता हूँ कि आपको यह पुस्तक कैसी लगी? यह आपकी एक निष्पक्ष समीक्षा होगी। सीधे शब्दों में कहें, तो समीक्षाएँ हीं किसी भी लेखक की जीवन रक्त होती हैं। अपने सपने कैसे साकार करें? कृपया ऊपर दिए गए लिंक पर क्लिक करके या नीचे दिए गए QR कोड को स्कैन करके आप समीक्षा अंकित कर सकते हैं। यह आपको सीधे पुस्तक के समीक्षा पृष्ठ पर ले जाएगा। या आप अमेज़न पर इस किताब के पृष्ठ के "समीक्षाएँ खंड" पर जा सकते हैं। यह आपके समय का केवल एक मिनट लेगा, लेकिन मेरे लिए यह बहुत बड़ी मदद करेगा कि मैं अधिक लोगों तक पहुँच सकूँ, तो कृपया अपनी समीक्षा जोड़ दें।

एक बार फिर आपके समर्थन के लिए धन्यवाद!
और मैं आपकी समीक्षा देखना चाहूँगा।
विनोद कुमार गुलाटी

• • • • • • • • • • •

अस्वीकरण

यह पुस्तक शिक्षात्मक और प्रेरणात्मक उद्देश्यों के लिए है। पाठकों को यह सूचित किया जाता है कि इस पुस्तक के माध्यम से लेखक ने कोई कानूनी, वित्तीय, चिकित्सा या पेशेवर सलाह प्रदान नहीं की है। इस पुस्तक के भीतर की सामग्री कई स्त्रोतों से प्राप्त की गई है। कृपया इस पुस्तक में व्यावसायिक तकनीकों पर प्रयास करने से पहले किसी प्राधिकृत पेशेवर से परामर्श करें।

इस दस्तावेज़ को पढ़कर, पाठक स्वीकार करते हैं कि किसी भी परिस्थिति में लेखक किसी भी प्रकार की त्रुटियों, छूटों, या अशुद्धियों के कारण सीधी या अप्रत्यक्ष हानियों के लिए उत्तरदायी नहीं है, जो इस दस्तावेज़ में शामिल जानकारी का उपयोग करने के परिणामस्वरूप हो सकती हैं। सभी लागू कानूनों और विनियमों, समेत अंतरराष्ट्रीय, संघ, राज्य, और स्थानीय पेशेवर लाइसेंसिंग, व्यवसायिक अभ्यास, विज्ञापन, और सभी अन्य प्राधिकृतियों का पालन करना, खरीदार या पाठक की केवल जिम्मेदारी है।

न तो लेखक और न ही प्रकाशक इन सामग्रियों के खरीदार या पाठक के पक्ष में किसी भी प्रकार की जिम्मेदारी या दायित्व उठाते हैं।

• • • • • • • • • •

मेरी अन्य पुस्तकें

Book 1 >>Accomplish Your Dreams: *Unleashing Your Potential, Ambition, Goal Setting and Cultivating a Winning Mindset for Success*

Book 2 >> The Art of Incremental Progress: *Convert Your Dreams into Clear Goals, Overcome Obstacles, Embrace Challenges, and Build Habits for Sustainable Success*